季節の摘み菜レシピ105

食べる野草図鑑

岡田恭子

日東書院

はじめに

皆さん初めまして。「マクロビオティック自然食料理教室」を開いている岡田恭子です。
この本は、私が「野草料理」のクラスで行っていることをまとめたものです。

紹介する野草は、どなたでも、すぐに始められるように、山の中の貴重な山菜ではなく、
都会に住む方の身の回りにもある、日本中どこにでもあるハコベやタンポポなどの野草を中心にしました。

この本を手に取ってくださった皆さんにわかっていただきたいのは、
私が野草料理をおすすめするのは、体にいいから、ただでお得だから……ではないということです。
野草を通して地球をそして自分を大好きに、大切に思ってほしい、
つまり地球と自分を愛してほしいからなんです。

確かに野草は薬効が強く、ミネラルやビタミンも豊富だと言われており、何より生命力があります。
この本の中では薬効にもふれていますが、その細かいことにこだわらないでください。
薬効の高い野草を探して遠くまで採取に出かける……というようなことは私の伝えたいことではありません。

毎日のお散歩の途中に見る草が、我が家の庭に生えている名もないと思っていた雑草が、
名のある野の花であることに気づき愛しく思うようになる。
抜いても抜いても生えてくる邪魔な存在だった雑草が
おいしくて栄養もあるものだと知り、感謝するようになる。

この本を通して、そんなふうに変わっていただけたら、
きっと毎日の仕合わせ度がグンと上がります。

安心してください。
自分と縁のある、今住んでいる近所に咲く野草を
毎日、少しずつ、感謝して食べることで体と心は必ず健康になります。

この本を通して、みなさまが仕合わせになりますように。

食べる野草図鑑

Contents

オオバコ	086
オオバコのそば寿司	087
ツユクサ	088
ツユクサのかんたんキッシュ	089
ツユクサのくずもち	090
ホタルブクロ／ホタルブクロの酢のもの	091
ユキノシタ	092
ユキノシタとトマトのクリームスープ	093
シロザ	094
シロザのグリーンポタージュ	095
スベリヒユ	096
スベリヒユの焼ききしめん	097
サンジソウ	098
サンジソウと白菜の甘酢漬け	099
サンジソウとすりおろしれんこんのスープ	100
キイチゴ	101
ヤマグワ	102
キイチゴの豆乳アイス＆クワの豆乳アイス	103
ドクダミ	104
ドクダミ茶	105
●コラム　ビールにピッタリ夏の野草のてんぷら	106
●コラム　私と野草との出合い	108

秋の野草

ドングリ	110
煎りドングリ	111
玄米ドングリお赤飯	112
ドングリクッキー	113
ヤマノイモ	114
ムカゴときのこの炊き込みごはん	115
ツワブキ	116
ツワブキの茎の油みそ炒めとタンポポの根のきんぴら	117
●コラム　風流を楽しむ秋の野草のてんぷら	118
ススキ／ススキ茶	120
ジュズダマ／ジュズダマ茶	121
●コラム　おまけのミニレシピ	122
毒草ガイド	123

最後に写真について申し添えます。この本に載っているお料理の写真すべてと、春の野草の章の野草の写真のほとんどをカメラマンの山下コウ太さんが撮ってくださいましたが、春の野草の一部と夏、秋、冬の章の野草は私の撮影です。

野草摘みを楽しむマナーとルール

1 食べる分だけ摘む

食べきれないほど、うれしがって摘み、結局捨てるなんてことだけはしないでください。

今日食べられる分、作れる分だけ持ち帰りましょう。時々、勢いよく山ほど摘んでは「こんなに食べられないわ」と道端に捨てて帰る方がいらっしゃいますが、とても気分が悪いものです。地球に感謝しておすそ分けしていただくという野草摘み本来の姿とはまったく逆の行いです。

2 食べ過ぎない

野草は、ミネラルやビタミンが豊富で薬効もあります。だからこそ、ほんのちょっとでいいのです。パワーの強いものはアクも強いもの。たくさん食べればいいものではなく、かえって体に負担をかけることになることもあります。

3 希少種は摘まない

この本には載せていませんが、野草に興味をもち希少種を見分けられるようになったとき、発見しても摘まないでいただけたらなと思います。そんなときは、眺めて楽しむだけにしましょう。それだけでも充分心は満たされます。

4 よくわからないものは決して食べない

野草摘みで怖いのは毒草を食べてしまうこと。野草の種類がわからないものを食べないのは当然ですが、食べられるかな、どっちかなと迷ったら、食べないのが無難です。

摘み草のおいしいところは、新芽や若い葉。つまり、初心者には見分けのつかないころがおいしいのです。迷ったら1年観察し、花が咲いて、あそこの野草は×××だ、としっかりわかってから、翌年採るくらいの慎重さと気長さで野草は楽しみましょう。

5 人様の土地のものを勝手に摘まない

生垣に咲いているものなど、摘みやすいからと言って無断で摘むのは言語道断です。そのお宅の方とお友だちになり、野草の話をし、親しくなってからお願いしましょう。また、畑に入って踏み荒らすのもやめましょう。

6 おいしいのは新芽と若葉

どの野草も、おいしいのは新芽と若葉ですから、摘むのは上をほんの数cm～10cm程度。上の写真を目安にしてください。ただしお茶は、根、茎、葉、満開の花を含んだ全草摘んで煎じます。花が咲き誇りパワーが全開しているものをいただきます。

7 基本の道具と服装

服装は歩きやすいもの。持ち物は、軍手、小スコップ、外用はさみ、摘んだ野草を入れる小さなポリ袋多数。さらにミニルーペ、弁当、水筒、敷き物なども。

春の野草

春は苦味、夏は酸味、秋は辛味、冬は油味が体によいと
昔から言われていますが……
そう、春は苦味の強いもの＝野草を食べて
体を目覚めさせる季節。
また、やわらかくておいしい新芽や若葉が
次々に顔を出す季節。
春こそ野草摘みのベストシーズンです。
温かくなってきました。
この本を片手に野草摘みのお散歩に出かけましょう！

シロツメクサ

クローバーを食べて心は幸せに、体は健康に

マメ科・シャジクソウ属
別名／クローバー

シロツメクサの花。花は春から夏にかけて咲く。

アカツメクサ。食べ方はシロツメクサと同じです。生食は厳禁。

シロツメクサは漢字表記は白詰草。〝クローバー〟とも言います。ふつうは三つ葉ですが、時々四つ葉があり、それを幸せのクローバーとして、一生懸命探したものです。

シロツメクサは、もともと明治時代にヨーロッパから牛の食べる牧草として輸入した帰化植物で、北海道から全国に広がりました。シロツメクサの名は、外国からガラス製品を送るときに割れないように詰めた草だったことから名づけられたと言われています。

●いつ摘める？……1年中。真冬以外、どこでも生えています。
●どこで摘める？……道端、空き地、公園、土手、庭など。
●摘み方……根元近くの花が咲く前の葉を茎を数cmつけた状態で摘む。花が開ききる前のやわらかい葉が美味。花も食べられる。

●体にいいこと……神経痛、痔の出血、風邪、痛風などの症状をやわらげる。
●注意！……かるい毒性を含むので、生では食べないこと。また、多食もさけて。

●おいしい食べ方……葉をてんぷらにするか、さっとゆでておひたしにするとよい。ゆでたものをグラタンに使うのもおすすめ。

シロツメクサの豆腐チーズグラタン

材料（2人分）
シロツメクサ……16枚
＊アカツメクサでもよい。
豆腐……1丁（380g）
溶けるチーズ……適量
塩、黒粒こしょう……各適量

1 シロツメクサを約1～2分ゆでて水にとり、水けをきって2～3cm長さに切る。
2 豆腐はかるく水きりし、食べやすい大きさに切ってグラタン皿にのせ、塩、黒粒こしょうをふる。
3 2にゆでたシロツメクサをのせチーズものせてオーブントースターなどで焼き色がつくまで焼く。

ナノハナ

アブラナ科・アブラナ属
別名／アブラナ、ナバナ、ナタネ

てんぷらに、おひたしに、あえものに……。おいしい摘み菜の代表

黄色い四弁の花をたくさん咲かせる美しい花は、観賞用としても重宝される。おひな祭りに、桃の花といっしょに飾られるように、春を感じさせる花の代表。

ナノハナはアブラナ属植物全般の花の呼び名として使われ、日本だけでも約300種類あります。花、茎、葉とも食べることができるのも特徴です。なかでも小松菜のナノハナが、苦みもマイルドでおいしく、おすすめ。

原産は、西アジア～北ヨーロッパ。日本には弥生時代には渡来していたといいます。

江戸時代の俳人与謝蕪村が、一面に広がる菜の花畑をながめて詠んだ、「菜の花や　月は東に　日は西に」の俳句は有名ですね。

- いつ摘める？……1～5月。
- どこで摘める？……道端、空き地、土手、庭など。
- 摘み方……上から10～15cmほどを切る。花が咲く前がやわらかくておいしい。
- 体にいいこと……カロテンやビタミンCが豊富でがん、風邪、高血圧予防によいと言われている。鉄分も含んでいるので貧血気味の人にもおすすめ。また食物繊維もたっぷり含まれているのでデトックスにも力を発揮する。

- おいしい食べ方……サラダ、おひたし、あえもの、てんぷら、お吸いものや炒めものなど。水溶性のビタミンCが流れ出てしまわないようにゆですぎや、水にさらしすぎに注意しましょう。

ナノハナの納豆あえ

材料（2人分）
ナノハナ……10cmのもの30本
塩……少々
納豆……1パック
醤油……小さじ1

1. 熱湯に塩とナノハナを入れて2～3分ゆでたら、ざるに広げて手早くさます。
2. 1を食べやすい長さに切る。
3. よく混ぜた納豆に醤油を入れて混ぜ、1を加えて、サッとあえる。

レンゲソウ

土を豊かにはぐくむ自然の肥料。おいしいのは、若葉

マメ科・ゲンゲ属
別名／ゲンゲ

赤紫色の花の姿が蓮（はす）の花に似ていることから蓮華草（レンゲソウ）と言われるようになった。

その昔、中国から渡ってきた植物です。レンゲソウは空気中の窒素を取りこんで地中の根粒菌と共生し、地中の窒素を増やすため、自然の肥料（緑肥）として重宝され、昔は田植え前の水田に植えられていました。便利な化学肥料の普及とともに、そんな風景も見られなくなりましたが、最近では、有機栽培農家などで、またレンゲソウが植えられることも多くなってきたそうです。花を編んで、首飾りや腕輪にして遊ぶ楽しみは子どもたちに伝えたいですね。

- いつ摘める？……3〜5月。
- どこで摘める？……湿地、空き地、公園、土手、畑など。
- 摘み方……若葉や若芽のついた茎を、葉先から10cmほど摘む。葉が開ききって大きく育ったものはおいしくない。
- 体にいいこと……痔、下痢、下血の症状をやわらげる。お茶にすると利尿、解熱作用も。
- おいしい食べ方……葉はおひたしや、てんぷらに。おいしいのは、葉が開ききる前の若葉や若い芽です。花は生でも食べられるので、見た目の美しさを生かすならサラダやトッピングに。

レンゲソウのお好み焼き

材料（直径15cmのもの2枚分）
レンゲソウ……適量
桜えび……適量
植物油……少々
A ┃ 全粒粉……120g
　 ┃ 水……200ml
　 ┃ 自然塩……少々

1. レンゲソウの若いやわらかそうな葉を選び、よく洗ってからふいて水けをとる。
2. Aをボウルに入れて混ぜ合わせる。
3. フライパンをよく熱し、油をひき②をお玉1杯分流し入れ、直径15cmにのばして弱火で5分ほど焼く。
4. ③に桜えびとレンゲソウをのせ、ひっくり返して3分ほど焼く。ソースなどを好みで、かける。

レンゲソウとナズナの花スパゲッティ

材料（1人分）
レンゲソウの花……適量
ナズナの花……適量
スパッゲッティ……80g
にんにく……1片
オリーブオイル……大さじ1
塩……小さじ⅓

1 スパッゲッティを袋の表示にしたがってゆでる。レンゲソウとナズナの花をサッと洗ってざるにあげる。
2 にんにくをみじん切りにし、オリーブオイルで焦がさないように炒める。
3 2に1のスパゲッティを入れ、塩をふり、味をととのえ、器に盛ってレンゲソウとナズナの花で飾る。

COLUMN

日々の食卓を彩る野の花の箸置き

毎日の生活の中に、少しずつ野草を取り入れること。それは、何も食べることだけではありません。こんなふうに野の花で美しい箸置きを作ってみませんか？　お散歩の途中、必要な分だけ少し摘んで、その日のうちに食卓へ。おもてなしのテーブルにセッティングしても、お客様に感激していただけることでしょう。

野の花の箸置きの作り方

野草や野の花を5～7cm程度摘み、サッと洗って水けをふく。紙テープや麻ひもで下部を結んで完成。

左からスギナ（P45）、アケビ（P74）、ナズナ（P76）、タンポポ（P50）、アカツメクサ（P10）、スズメノヤリ、ヨモギ（P60）。ナズナの箸置きのように、野草自身の茎で結ぶのもすてきです。

ヤブツバキ

ツバキ科・ツバキ属
別名／ツバキ、ヤマツバキ、カメリア、コモン

色あざやかな料理に仕上げるなら、一重のツバキを使うこと

一重の花びらのものがヤブツバキ。

ツバキととても似ているサザンカ。花は10〜2月にかけて咲く。

花びらが幾重にも重なっているものは八重咲きのツバキ。

ヤブツバキは日本に広く見られる野生のツバキで、花びらは一重。華やかで歯応えもあり、摘み菜料理にはピッタリです。同じツバキでもバラのように花びらが重なっている八重咲きのツバキは、てんぷらにすると色が落ちて茶色くなってしまいます。

ヤブツバキとよく似ているサザンカも同じように料理できます。見分け方はいろいろありますが、摘み菜初心者は、ツバキは花ごとポトリと落ち、サザンカは花びらが個々に散ると知っておくと、見分けやすいでしょう。

●いつ摘める？……花は11〜3月。葉は1年中。

●どこで摘める？……本州、四国、九州、南西諸島の道端、空き地、山中、海岸沿い、庭など。

●摘み方……花は、花びらが散らないように、ガクから摘む。

●体にいいこと……滋養強壮、健胃、整腸。とくに花は、目にいいとされる。すり傷やおできに葉をつぶしたものを塗ると止血、炎症をやわらげる作用も。

●おいしい食べ方……花はジャムや天ぷら（P59）やゼリー（P69）に。花や葉を陰干ししてお茶にしてもよい。花粉を気にする人もいますが、むしろ花粉は目によいと言われている。

ツバキのジャムと玄米粥パン

材料（作りやすい分量）
ツバキの花びら……85g
砂糖……85g
レモン汁……1個分
水溶き葛粉……大さじ2
水……適量

1. 鍋にツバキの花びらを入れ、砂糖をまぶしてしばらくおく。
2. 水が出てきたら、弱火にかけレモン汁と水50mlを加えて、花びらが溶けるまで煮る。最後に100mlの水で溶いた葛粉を加えてとろみをつける。

玄米粥パン
玄米ごはん500gと同量の水を弱火で煮てお粥にする。お粥と国内産小麦粉500g、シナモン少々、塩大さじ1、粗く刻んだクルミ50g、レーズン50gを混ぜ、ごま油適量を塗った直径22cmのパイ皿に流し入れ、180°Cのオーブンで30〜40分焼く。

タチツボスミレ

スミレの花の愛らしさを生かしてロマンチックなデザートに

スミレ科・スミレ属
別名／ヤブスミレ

もっとも多く見られるタチツボスミレ。漢字表記は立壺菫。名前の由来は、花の形が大工さんの墨入れの道具「墨壺」に似ていることからと言われている。葉の形はハート形。

スミレは、誰もが愛しく思う可憐(かれん)さです。世界で800種類、日本だけで300種類あると言われていますが、もっとも一般的なものはタチツボスミレ。花は生で食べられるので、そのかわいらしさを生かして、サラダにしたりデザートにするといいでしょう。同じスミレ科でもパンジーには毒性があるので気をつけて。

なかには珍しいスミレもありますので、そういったものは眺めるだけで楽しみ、採らないようにしてください。最近、盗掘する人が多いようでかなしいことです。

●いつ摘める？……3〜5月。
●どこで摘める？……道端、空き地、林、土手、海岸沿い、庭など。
●摘み方……花と葉を指先でていねいに摘む。
●体にいいこと……高血圧や関節炎の症状をやわらげる。ほかに滋養強壮、精神安定、便秘解消、デトックスの働きも。お茶にするとのぼせや不眠症の改善に。打ち身、腫れものには、よくもんだ生の葉を患部にあてると腫れがひく。

●おいしい食べ方……花は生食できるので、サラダやデザートに。若葉は天ぷらやおひたし、あえもの、炒めものに。スミレの花の砂糖漬けもロマンチック。しっかり天日干しした花、葉、茎を煎じてお茶にしても。

スミレの花のゼリー

材料（5個分）
梅酒……100ml
水……400ml
粉寒天……4g
スミレ……5個

1 鍋に、梅酒と水を入れて粉寒天を加え、中火にかけて混ぜながら煮溶かす。
2 1を器に入れ、冷蔵庫で30分ほど冷やす。固まりかけたゼリーにスミレの花を置いて、さらに30分ほど冷やし固める。

ツバキの花のゼリー（右）
鍋に水400mlとツバキの花のジャム（P19）100g弱、粉寒天4gを入れて、よく混ぜながらしっかり煮溶かす。これを器に入れ、冷蔵庫で1時間ほど冷やし固める。

ギシギシ

タデ科・ギシギシ属
別名／ウシノシタ、オカジュンサイ、ウマスカンポ、ウマスイコ

見た目は素朴で無骨だが、若芽はぬめりがあり珍味。葉と茎は歯応えがある

ギシギシの葉は、成長するとかたくてごわごわしていて、先端はひらひらしている。中心の、薄い皮（さや状の托葉）をかぶった新芽が、とくにおいしい。ぬめりがあるので、はさみやナイフなどを使うとよい。

とても生命力の強い植物で、あちこちに生えています。漢字表記は羊蹄。4～6月には花びらのない緑色の花穂（かすい）をつけます。この風変わりな名前の由来は、花穂をこすするとギシギシ音がするからという説にあるとか。

おいしいのは1～2月の新芽と、4月ごろまでの若葉と若い茎。よく似たものにスイバ（P65）がありますが、ギシギシは、スイバより大型で茎は赤くならず、葉のふちは丸みをおびて茎にくるっとまわりこんでいます。

ギシギシとコゴミの
オーロラソースあえ

材料（4人分）
ギシギシ……8本（約10cmのもの）
コゴミ……8本（約8cmのもの）
塩……適量
車麩……4個
A ツナ缶……小1個（80g）
白みそ……大さじ3
ケチャップ……大さじ3
だし汁……大さじ3

1. ギシギシを5分ゆでる。水にしばらくさらしたら、ざるにあげて水けをきる。1cm長さに切る。
2. コゴミも同じように熱湯で2分塩ゆでする。ざるにあげて、手早くさまし、水けをきる（水にはさらさない）。食べやすい長さに切る。
3. 車麩を4つに切り、水につけてもどす。
4. Aを混ぜてオーロラソースを作る。
5. 3の車麩を軽く絞って、4に混ぜる。
6. 器に5をしき、1と2をのせる。

●いつ摘める?……1〜4月。
●どこで摘める?……北海道、本州、四国、九州。道端、空き地、山の水際、土手、庭など。
●摘み方……新芽は、中心の薄い皮（さや状の托葉）をかぶったものをはさみやナイフなどで切り取る。開ききる前の若葉と若い茎は根元から摘む。

●体にいいこと……便秘、にきび、高血圧、動脈硬化の症状緩和。根をすりおろしたものを塗布すると水虫にも効果がある。
●注意!……緩下剤作用があるので妊婦は使用不可。シュウ酸が多いので、生食、多食は避ける。

●おいしい食べ方……ゆでたあと水にさらしてあえものなどに。てんぷらもおいしい。

サクラ

バラ科・サクラ属

いちばんおいしいサクラの花は、香りのよいオオシマザクラ

これが、摘み菜料理には最適のオオシマザクラ。さくらんぼもオオシマザクラのものが一番おいしい。ちなみに、ソメイヨシノのさくらんぼは苦い。

日本全国にサクラは固有種、交配種を含めて600種類ほどあると言われています。もっともポピュラーなのがソメイヨシノで、江戸時代に品種改良され明治時代に爆発的に広まりました。

どのサクラも食べられますが、葉も花も実も食べておいしいのは、サクラらしい甘い香りが芳醇なオオシマザクラです。ソメイヨシノの親でもあります。

オオシマザクラの実でさくらんぼ酒も作ってみましたが、味はあまり好みではありませんでした。

我が家の近所にある里山いっぱいに咲くヤマザクラ。夢のような光景。

サクラの花のてんぷら

材料（作りやすい分量）
サクラの花……適量
国産小麦粉（地粉）……20g
水……30ml
塩……少々
揚げ油……適量

1 ボウルに水と塩を入れて混ぜ、小麦粉も加えてさっくりと混ぜ合わせる。
2 サクラの花に1をからめる。手でやさしくつけるとよい。
3 180度の油で2を揚げる。片面が、箸でさわってパリッとかたくなったら、ひっくり返してサッと揚げる。

●いつ摘める？……3〜4月。
●どこで摘める？……道端、空き地、公園、土手、里山など。
●摘み方……花はガクから、葉は破れないようにそっと摘む。枝をポキポキ折らないように。

●体にいいこと……咳や痰を鎮める作用がある。芳香成分サクラニン（クマリン）には不眠解消、精神安定、リラックス効果も。
●注意！……場所によっては、殺虫剤が散布されるので注意しましょう。

●おいしい食べ方……葉は塩漬けにして桜餅に。花はてんぷらや塩漬けで桜湯に。一番おいしいのはオオシマザクラだが、それ以外でも大丈夫。

サクラの花の塩漬け

材料（作りやすい分量）
オオシマザクラの花……適量
梅酢……適量
塩……花が埋まるくらいの分量

a

b

c

1 サクラの花はキッチンペーパーで汚れをふきとる。水洗いはしない（a）。

2 1を梅酢にくぐらせる。

3 ガラス瓶に塩を入れ、次に桜の花を入れる。これを繰り返す（b）。

4 最後はサクラの花の上にふたをするように塩を厚めに入れる（c）。常温で1週間以上漬けて完成。

＊梅酢がなければ工程を省いてもいいが、美しいピンクにはならない。

桜湯
湯のみにサクラの花の塩漬けを入れ、上から静かに湯を注ぐ。

COLUMN

野草と野の花のひと口むすび

作ってみたいけれど野草料理ってハードルが高い……。そんな風に感じている初心者さんもいらっしゃるでしょう。そこで、ご提案です。まずは、野草やかわいい野の花で、愛らしいひと口むすびを作ってみませんか？

＊ごはんを酢飯にしてもおいしい。

スギナ塩のひと口むすび

スギナ塩を作る。スギナ（P45）10本をみじん切りにして、から煎りする。仕上げに塩小さじ½を加えて、さらに煎る。ごはんとスギナ塩を味見をしながら混ぜて、ひと口大のおむすびにする。

サクラの花の塩漬けのひと口むすび

ごはんをひと口大のおむすびにして、サクラの花の塩漬け（P26）1個をのせる。

ナノハナとキャラブキのひと口むすび

20cmの細いフキを40本用意し、たわしで洗って4〜5cmに切る。鍋に入れ、醤油100mlと酒100mlに水少々を足し、ひたひたにする。弱火で10分ほど煮たら火を止めてさます。2〜3回以上繰り返し、水けがなくなるまで煮る。鍋に湯を沸かし、ナノハナと塩少々を入れて2〜3分ゆでる。ひと口大のおむすびをにぎり、ナノハナとキャラブキをのせる。

ツクシの佃煮のひと口むすび

ツクシ（P45）30gのはかまを取り、洗って水けをきる。ツクシの軸は長いものは切る。ツクシをごま油で炒め、醤油大さじ1をまわし入れてさらに炒める。ひと口大のおむすびをにぎりツクシの佃煮を1本のせる。

ハコベ

ナデシコ科・ハコベ属
別名／ハコベラ、ヒヨコグサ、スズメグサ

小鳥たちが大好きな、栄養たっぷりのごちそうをちょっと分けてもらいましょう！

白い小さな花がかわいらしいハコベ。茎はかたいので葉の部分を摘む。そしておいしいのは1～3月ごろの若芽。

ウシハコベはハコベよりも大型。歯応えもあり、味もおいしいですよ。お料理方法もハコベと同じです。

ヒヨコグサとの別名どおり、鳥の大好物でもあります。繁殖力が強く、摘んでも摘んでもどんどん生えてくるハコベ。面倒な雑草と思っている方も多いようですが、じつは、なかなかにおいしい植物です。生でも食べられますが、一度かるくゆでて水にさらしてから調理するとより食べやすくなります。栄養価も高く、昔は母乳の出がよくなると産前産後に食べたり、虫垂炎、胃痛の薬代わりにしたり、歯磨き粉にして歯槽膿漏対策にと活躍してきた野草です。

●いつ摘める？……夏以外。とくに春がおいしい。

●どこで摘める？……日本全国の道端、空き地、公園、土手、庭、畑など。

●摘み方……花がつく前のやわらかい葉先を4～5cm摘む。

●体にいいこと……健胃、整腸、浄血、利尿作用がある。天日干しして乾燥させたハコベを塩とまぜて歯磨きにすれば歯槽膿漏、歯痛予防にも。

●おいしい食べ方……生で食べる場合はサラダにしても。また、炒めもの、てんぷら、2分ほどゆでておひたしやあえもの、汁ものの具にしてもおいしい。天日干し乾燥でお茶にしても。

ハコベの納豆あえ

材料（2人分）
ハコベ……適量
塩……少々
納豆……1パック
醤油……適量

1 鍋に湯を沸かし、塩とハコベを入れて2～3分ゆでたら、ざるに広げて手早くさます。

2 よく混ぜた納豆に醤油を入れて混ぜ、1を加えて、さっとあえる。味見をして足りなければ醤油を加えて調整する。

ハコベの押し麦コロッケ

材料（5cmの俵型8個分）
ハコベ……適量
押し麦……1カップ
水……300ml
玉ねぎ……1個
自然塩……小さじ⅓強
国産小麦粉（地粉）A
……½カップ分
国産小麦粉（地粉）B
……適量
生パン粉……適量
揚げ油……適量

1. 熱湯で2分ほどゆでたハコベを水にさらしてよく絞り、みじん切りにする。
2. 鍋に水と押し麦を入れて火にかけ、沸騰したら弱火にしてふたをして15分炊く。火を止めてそのまま10分蒸らす。
3. 玉ねぎもみじん切りにし、フライパンにごま油少々（分量外）をひいて透明になるまで炒め、塩をふり入れる。
4. 小麦粉Aをから煎りする。
5. 1～4を混ぜ合わせて俵型にする。
6. 小麦粉Bを同量の水で溶き5につけ、次に生パン粉をつけて、180°Cの油で色づくまで揚げる。

ウシハコベの湯葉炒め

材料（2人分）

ウシハコベ……50g

＊ハコベでもよい。

平湯葉（生。48×23cmのもの）

……1枚

塩……少々

醤油……小さじ1程度

1 ウシハコベを水で洗い水けをふく。

2 フライパンを熱してごま油少々（分量外）をひき、ウシハコベと2cm幅に切った生湯葉を入れ、塩をふり入れる。

3 仕上げに醤油を加えてサッと炒める。味見をして足りなければ、醤油を少々足す。

ノビル

ユリ科・ネギ属
別名／ヒル、ヒロ、ヒルナ、メビル

葉は青ネギのような香りと味わい、白い鱗茎（りんけい）はネギのような味で、つまみにピッタリ

ノビルは、野草初心者でも比較的見分けやすい。細長いネギのような葉の下には小さな玉ねぎのような丸い鱗茎が埋まっている。鱗茎ごとでも、葉の部分だけ摘んでもよい。

漢字で野蒜と書き、古事記や万葉集にも登場する、古来からある植物です。葉は30cmくらいまで成長し、地中には親指大くらいの丸い鱗茎が育ちます。葉は青ネギのような匂いがして、根はネギやらっきょうのような味です。

葉の形が有毒植物のタマスダレと似ていますが、こちらはネギの香りがしません。必ず確認しましょう。鱗茎は、生でもおいしく食べられますが、葉は1分ほどゆでて、みそあえやおひたしにしたり、汁ものの具やてんぷらにしてもいいでしょう。

ノビルの豆みそ添え

材料（好みの分量）
ノビル……好みの本数
豆みそ……適量

1 生のノビルの根っこと葉の上のほうを切り、生みそをつけて食べる。日本酒のつまみにおすすめ。

●いつ摘める？……3～5月。
●どこで摘める？……北海道から九州まで分布。畑、野原、土手。
●摘み方……力まかせに葉を抜かず、スコップで周りから鱗茎を傷つけないように根気よく掘る。大きい鱗茎だけ採り、小さい鱗茎は残して埋め戻し、来年も採れるようにすること。
●体にいいこと……食欲増進、健胃、整腸、保温、安眠、滋養強壮の促進。また、虫刺されの患部に生の葉を絞った汁をつけると腫れがひく。
●注意！……よく似た植物タマスダレや小型のスイセンは有毒植物なので注意。ネギ臭の有無で区別する。
●おいしい食べ方……根も葉も生食可。1分ほどゆでてあえものにしてもおいしい。

ノビルのもちきびコロッケ

材料（ボール形16個分）
ノビル……適量
もちきび……1カップ
水……250ml
塩……小さじ1
玉ねぎ……大½個
ごま油……大さじ1
国産小麦粉（地粉）……適量
生パン粉……適量
国産レモン……1個
ごま油（揚げ油）……適量

1 鍋に分量の水を入れて沸かし、もちきびと塩を入れて中火にかけ、ふたをして8〜10分ほど炊く。
2 玉ねぎはみじん切りにする。熱したフライパンにごま油をひいて、玉ねぎが透明になるまで中火で炒める。
3 ノビルは洗い、葉、鱗茎（丸い部分）、根もみじん切りにする。
4 1、2、3を混ぜ合わせて16等分し、ボール形に丸める。
5 4を小麦粉と水（分量外）を同量で溶いたもの、生パン粉の順につけ、180度のごま油できつね色になるまで揚げる。くし形切りにしたレモンを絞って食べる。

ノビルのエゴマあえ

材料（6人分）
ノビル……120g
塩……少々
エゴマ……30g
黒砂糖……5g
醤油……少々
水……大さじ1程度

1 鍋に湯を沸かして塩を入れ、ノビルを2分ほどゆでたら水けを絞り、葉の部分は2cmぐらいの長さに切る。

2 エゴマは香ばしくなるまで煎って、すり鉢ですり、黒砂糖と醤油を加えて混ぜる。水を加えてあえ衣のかたさを好みに調整し、1とあえる。

カラスノエンドウ

マメ科・ソラマメ属
別名／ヤハズエンドウ

葉の先端がくるんとまわっている若芽は絶品。クセがなくて、おいしい、小さなお豆です

さやだけでなく花も食べられますので、見た目のかわいらしさを生かしてサラダやゼリーに使うといいでしょう。

その名のとおり、サヤエンドウそっくりの実をつける、おいしい野草です。若い葉はおひたしにしてもてんぷらにしてもおいしく、散歩の途中で見つけると、うれしくなります。葉の先端のツル状の部分が、くるんとまわっているものほどおいしいと知っておきましょう。類似種に、より小さいスズメノエンドウ、カラスノエンドウとスズメノエンドウの中間の大きさのカスマグサ、そしてカラスノエンドウより大きいハマエンドウがあり、どれも同じように食べられます。

●いつ摘める？……2〜4月。
●どこで摘める？……本州から南の道端、野原、土手、庭など。
●摘み方……若芽を10cmほど摘む。葉もさやも若くやわらかいものがいい。

●体にいいこと……整腸、利尿作用や内臓のむくみとり。胃もたれや咳の症状緩和。貧血予防にもよいと言われている。海岸の砂地や岩場で見られるハマエンドウの葉の汁は、切り傷につけると症状がやわらぐ。

●おいしい食べ方……葉とさやと花が食べられる。花は生食可。若くて小さな葉がやわらかくクセがない。おひたし、素揚げ、ソテー、汁ものの具など。

カラスノエンドウの
ペンネトマトソース

材料（1人分）
カラスノエンドウの葉……20g
ペンネ……60g
トマトソース（P122、または市販品）
……2カップ

1 カラスノエンドウをよく洗い、熱湯で約1〜2分ゆでて、水にとってかるく絞り、2〜3cmに切る。
2 ペンネをゆでたら、トマトソースと混ぜ合わせ、1も加えて混ぜる。

Memo
カラスノエンドウの若芽は、野草の中ではアクが少なくとてもおいしく食べやすいので、ゆでたあと、さっと水にとるだけでいいでしょう。私は大好きです。

カラスノエンドウのさやの五色弁当

材料（6人分）
玄米ごはん……3カップ分
れんこん……60g
にんじん……50g
木綿豆腐……1丁（380g）
油揚げ……1枚
干ししいたけ……4枚
カラスノエンドウのさや
……60g
梅酢……大さじ1½
だし汁（または水）A
……大さじ1½
だし汁（または水）B
……100ml
焼きのり……適量
塩、醤油、ごま油……各適量

1 れんこんは薄いいちょう切りにし、梅酢とだし汁Aを合わせたものにしばらくつけておき、鍋で煎りつける。
2 にんじんは細切りにして塩小さじ½をまぶし、水分が出てきたら、から煎りする。
3 豆腐は水きりして手でつぶす。鍋にごま油大さじ1を熱し、豆腐を入れてしっかり煎りつけたら、塩小さじ1、さらに醤油小さじ1で味つけする。
4 油揚げは縦半分に切って細切りにし、油抜きしてだし汁B、醤油大さじ½で煮汁がなくなるまで煮る。
5 カラスノエンドウのさやはスジを除き、熱湯に塩を少々入れ色よくゆでる。
6 干ししいたけは水で戻し、石づきをとって細切りにする。ごま油小さじ¼で炒めたら、水少々を加えて1〜2分煮てから醤油小さじ½で味をつける。
7 お弁当箱にごはんを詰め、上に焼きのりを手でちぎってのせ、1〜6の具を彩りよくのせる。

Memo
ごはんは、もちろん白米でも五分づき米でもいいですよ。

ヤブカンゾウ

ユリ科・ワスレグサ属
別名／キンシンサイ、カンゾウ、ワスレグサ

鮮やかなオレンジの花は美しく、葉は食べ過ぎてしまうほどおいしい

ワスレグサという別名を持つヤブカンゾウ。花が咲くのは1日だけ。別名の由来は、そのせつなさゆえとも、また、蕾（金針菜）を食べると、心配事を忘れるほどおいしいことからきているとも言われています。私は野草の中で一番おいしいと思っています。葉のとろっとした食感とえぐみのない淡泊な味わいには酢みそあえがおすすめ。花もゆでて食べられます。類似種に、ノカンゾウがありますが、こちらの花は一重。おいしさも、調理法も薬効も同じです。

ヤブカンゾウは花びらが幾重にも重なる八重の花が咲く。

写真くらいの若芽がおいしい。ノカンゾウの花は一重。

ヤブカンゾウもノカンゾウも採取するときは、根元を少し掘って茎の白い部分からはさみを入れて切り取る。

●いつ摘める？……若芽は2〜4月。花は7〜8月。

●どこで摘める？……日本全国の道端、空き地、土手、庭など。

●摘み方……若芽は土から顔を出したところを摘む。花は蕾を摘む。

●体にいいこと……健胃、整腸、不眠症、風邪の症状緩和、利尿作用がある。

●おいしい食べ方……炒めもの、てんぷら、2分ほどゆでておひたしやあえもの、汁ものの具にしてもおいしい。天日干し乾燥でお茶にしても。

ヤブカンゾウの酢みそあえ

材料（2人分）

ヤブカンゾウの若芽……120g

A
- 白みそ……大さじ2
- 酢……小さじ1
- 塩……少々

1. ヤブカンゾウを約2分塩ゆでしたら、水にさらして絞り1cmくらいに切る。
2. 混ぜ合わせたAと1をあえる。

Memo

あまりのおいしさに、家族がどんぶりいっぱい食べて、あくる日、お通じがよすぎたことがありました。もちろん野草のよさはデトックスですので、いいことではありますが……。

写真くらいのときが若葉でおいしい。ちらりとみえる蕾は、ヒメオドリコソウ。

ヨメナ

キク科・ヨメナ属
別名／ノギク

清楚でたおやかなその姿は花嫁のよう……。
春菊のような風味があり、おいしい

お嫁さんのようにかわいらしい花の姿から名づけられたとも言われているヨメナ。一般的な総称としてノギクとも呼ばれます。

摘み菜としてのヨメナの特徴は、なんといってもその香り。ほのかに苦みを感じさせ春菊を思わせるので、下ごしらえのときにゆですぎて香りがとばないようにしましょう。万葉集にも「うはぎ」という名で摘み菜として登場し、その昔から食用にされてきたことがわかります。類似種にノコンギクがあり、これも食べられます。

蕾のころは濃い紫で、花が開くとほのかなラベンダー色になる。伊藤左千夫の初恋小説「野菊の墓」の野菊は、このヨメナのことではないかと言われている。

●いつ摘める？……新芽と若葉は1〜6月。花は7〜10月。
●どこで摘める？……本州より南の道端、野原、土手、用水路脇、庭など。
●摘み方……10cm程度にのびてきた新芽をそっと摘む。

●体にいいこと……解熱、利尿作用。膀胱炎、風邪の症状緩和。美肌作りにもよいと言われている。葉の汁は、虫刺されによる腫れを鎮める。
●おいしい食べ方……新芽や若葉を食べる。塩ゆでしてから、酢のものやあえもの、汁の具に。てんぷらにすると香り豊かでおいしい。育ってアクが強い葉は、下ゆでしてからごま油で炒めて醤油で煎りつけてもよい。花を食用菊のようにおひたしや酢のものにすることもできる。

ヨメナとジャコのチャーハン

材料（1人分）
ヨメナ……8g
ジャコ……10g
冷や玄米ごはん……180g
塩……適量
醤油……小さじ1
ごま油……少々

1 ヨメナは洗って水けをよくふき、1cmに切る。
2 鍋にごま油少々を熱し、玄米ごはんを入れて炒めたら塩で味をととのえボウルに取り出す。
3 あいた2の鍋で1をサッと炒め、ジャコと2を加えて塩少々をふり、鍋肌から醤油を落として香りづけする。

ヨメナと粟のベジハンバーグ

材料（6個分）
ヨメナ……15g
粟……1カップ
水……300ml
玉ねぎ……½個
にんじん……20g
塩……小さじ⅔
国産小麦粉（地粉）……適量
ごま油……適量

1. 約2分ゆでたヨメナを水にさらし、よく絞る。
2. 鍋に分量の水を入れて沸騰させて粟を入れ、再度沸騰したら弱火にし、ふたをして15分炊く。
3. 玉ねぎ、にんじんをみじん切りにする。
4. フライパンにごま油を少々ひき、3の玉ねぎ、にんじんの順に火が通るまで炒め、塩をふり入れる。
5. ボウルに1、2、4を入れて混ぜ合わせ、6個の小判形にし、両面に小麦粉をつける。熱したフライパンにごま油少々をひき、色よく焼く。

Memo
ヨメナは意外にアクが強いので、あまりたくさんは入れないほうがいいでしょう。

ツクシ・スギナ

苦みこそがツクシのおいしさ。ハカマは必ずとって食べること

トクサ科・トクサ属
別名／ツクシンボ、スギナノコ、ツギマツ

上のツクシは頭の胞子穂の部分が開いてしまっていて、おいしくないもの。食べるなら左の写真のように、穂がかたくキュッとしまっているものを選んで。

おもに、ツクシが終わったあとに元気よくはえてくるスギナ。スギナの芽もまた珍味で酒のつまみにピッタリ。

ツクシはまさに苦みが魅力の野草。薬効成分も強く、デトックス力の強い植物です。ツクシが成長するとスギナになると思っている方が多いのですが、それは間違いです。2つの根っこはつながっていて、まずはツクシが出て、それが枯れるころにスギナが芽吹いてきます。また、初心者が見間違えやすいのがスギナとトクサ。トクサはスギナのように枝分かれせず茎がまっすぐ伸びます。

ツクシのペペロンチーノ

材料（1人分）
ツクシの佃煮風（P47）……好みの分量
スパゲッティ……80g
にんにくの醤油漬け……1片
オリーブオイル……大さじ2

1 大きめの鍋にたっぷり沸かした湯に塩を加えスパゲッティをゆで、水けをきる（湯1000mlに対して塩10gが目安）。
2 醤油漬けのにんにくを薄切りにして、オリーブオイルで焦がさないように炒める。
3 2に1とツクシの佃煮風（P47）を入れてあえる。

Memo
にんにくの醤油漬けは、有機農法のいいものが手に入ったときに、ビンに醤油を入れ、皮をむいたにんにくを入れておいたもの。長期保存できます。もちろん、ふつうのにんにくでも作れます。

●いつ摘める?……2～5月に胞子穂の開いていないツクシやスギナの葉を摘む。
●どこで摘める?……北海道から九州までの、道端、野原、土手、河原、田畑のあぜ道など。

●摘み方……根元から摘む。
●体にいいこと……ツクシにはビタミンB群やE、カリウム、亜鉛などが豊富。スギナを濃く煎じたものを浸した布を目にあてると眼精疲労回復にも。陰干ししたスギナを5～10gほど煎じたお茶を飲むと、むくみ解消にもなる。
●おいしい食べ方……はかまを取って佃煮、卵とじ、酢のもの、あえものなどがよい。

ツクシの佃煮風とスギナの芽の佃煮風

材料（作りやすい分量）
ツクシ……30g（正味）
醤油A……大さじ1
スギナの芽（5cm以下の小さい芽）……30g
醤油B……大さじ1
ごま油……適量

1 ツクシの佃煮風を作る。ツクシのはかまを除き（a）、洗って水けをふき、2cmの長さに切る。小鍋にごま油少々を熱し、ツクシをサッと炒めたら醤油Aをまわし入れ、煎りつける。

2 スギナの芽の佃煮風を作る。スギナの芽を洗って水けをふく。小鍋にごま油少々を熱し、スギナの芽をサッと炒めたら醤油Bをまわし入れ、煎りつける。

a

Memo
スギナの芽は、葉がまだ出ていない、ツクシのような坊主頭状態のものを使います。また、これらの佃煮風を少しごはんに混ぜて、混ぜごはんにしてもおいしいですよ。

ハルジオン

キク科・ムカシヨモギ属
別名／ビンボウグサ

貧乏草なんて言わないで⁉ 飾って楽しい、食べておいしい摘み菜

花は白、または薄紫色で4～6月に咲く。蕾のときに頭が垂れ下がっていて、根元にも葉が生えているのが特徴。そっくりなヒメジョオンは蕾のときに上を向いていて、花は5月下旬から咲く。

ハルジオンとヒメジョオンの一番簡単な見分け方は茎の中。ハルジオンは茎が空洞で、ヒメジョオンは詰まっている。

繁殖力が強く、荒れ果てた空き家にすら勢いよく生えているせいか〝貧乏草〟なんて言われてしまっているハルジオン。でも私は、かわいくて大好き。丈を長めに切って、少しのカスミソウといっしょに大きめの花瓶に入れて飾っています。

強い生命力を持つため、当然アクが強いです。あえものなどにするときは、ゆでたあと水にさらしてから調理しましょう。よく似たものにヒメジョオンがあり、こちらも食べられます。

●いつ摘める？……2月下旬～6月ごろに若い葉と花を摘む。
●どこで摘める？……日本全国の日当たりのよい道端、空き地、野原、土手、庭など。
●摘み方……開き始めたころの若い葉を手でそっと摘む。花は数cmの茎をつけてはさみで切る。
●体にいいこと……利尿作用。
●おいしい食べ方……若葉はおひたし、あえもの、佃煮に。その場合は、ゆでて水にさらしアクをしっかり除いてから調理する。てんぷらなら葉だけでなく花もおすすめ。また、花は生食できるので、サラダに飾ったりするのもいい。

ハルジオンのかき揚げ

材料（1人分）
ハルジオンの葉……8g
コーン……大さじ3程度
桜えび……大さじ1程度
A　水……50ml
A　塩……少々
A　国産小麦粉（地粉）……30g
揚げ油……適量

1. ハルジオンの葉は洗う。
2. ボウルにAを入れてさっくり混ぜ合わせ、てんぷらの衣をつくる。コーン、桜えびと1を加えて混ぜ合わせる。
3. 2をお玉ですくい、180℃の油でからりと揚げる。そばの上にのせる。

Memo
ハルジオンは葉が薄いため、葉だけでてんぷらにするとパリッと仕上がらないので、かき揚げに。

上は、在来種のカントウタンポポ。総苞（緑のガクのような部分）が花を包み込むような形になっているのが特徴で、春のみ咲く。純粋な在来種はどんどん減って貴重な存在になりつつある。

外来種のセイヨウタンポポ。総苞が反り返っている。生命力が強く、日本のどこかで１年中咲いている。在来種と交配した雑種も多い。

タンポポ

キク科・タンポポ属
別名／クスナ

花も葉も軸も根もおいしい！優秀な野草です

タンポポが食べられると知って驚く方も多いのですが、外来種のセイヨウタンポポは、もともと明治時代に野菜として輸入されたもの。ヨーロッパでは今も昔もタンポポの葉をルッコラやクレソンのようにハーブとして食べます。花から根まで食べられる薬効の高い野草ですが、アクがかなり強いので、ゆでて水にしっかりさらしアクぬきをしましょう。日本古来からある在来種、そして外来種、どちらも同じように食べられます。

●いつ摘める?……在来種は3～4月ごろ。外来種は1年中。
●どこで摘める?……日本全国の道端、野原、土手、田畑など。
●摘み方……地面に近い根元から摘む。日陰に生えているようなものが、やわらかくてアクも少なく食べやすい。根を使う場合はスコップで掘り起こす。

●体にいいこと……健胃、強壮、整腸、便秘やむくみ、痔の緩和、母乳の出をよくする。根で作るタンポポコーヒーは冷え性改善に。

●おいしい食べ方……葉は生の場合は少しだけサラダに入れるか、てんぷらに。花もてんぷらに。葉や軸(茎)はゆでて、半日水をかえながらアク抜きをしてあえものや酢のものに。根はきんぴらにする。

タンポポの葉のジェノヴェーゼリゾット

材料(2人分)
タンポポの葉のジェノヴェーゼソース(P53)……大さじ1
玄米ごはん……茶碗1杯分
水…………200ml

1 小鍋に玄米ごはんと水を入れ、やわらかくなるまで煮たらタンポポの葉のジェノヴェーゼソースを加えて混ぜる。

Memo
タンポポの葉のジェノヴェーゼソース(P53)を作り置きしておけば、あっと言う間に一品完成です。

タンポポの葉のジェノヴェーゼパスタ

材料（1人分）
タンポポの葉のジェノヴェーゼ
ソース（約200ml分）
タンポポの葉……10g
カラスノエンドウの新芽
（P36）……20g
A
松の実……40g
にんにく……１片
粉チーズ……適量
オリーブオイル……100ml
紅花油……10ml
塩、黒こしょう……各適量
タンポポの葉と花（飾り用）
……１本
スパゲッティ……100g
塩……少々

1 ジョノヴェーゼソースを作る。タンポポの葉は、たっぷりの熱湯で約3分ゆでたら水にさらす。半日、水をとりかえながらアクをぬく。

2 カラスノエンドウの先のやわらかそうな新芽を2分ほどゆでて水にさらす。カラスノエンドウはアクが弱いのでサッとさらすだけでよい。

3 1と2の水けをよく絞ってみじん切りにする。

4 フードプロセッサーにAと3を入れて攪拌し、ペースト状にする。塩、黒こしょうをふり入れて味をととのえてジェノヴェーゼソースの完成。

5 たっぷりの湯に塩を少々入れスパゲッティを袋の指示どおりゆでる。

6 タンポポの葉のジェノヴェーゼソース大さじ2と5をあえて、タンポポの葉と花を飾る。

Memo
タンポポはアクが強いため、水を何度もかえながらさらす。試食して食べられる程度にアクがぬけたか確認してから使う。

タンポポの葉とタネツケバナのサラダピッツァ

材料（直径22cmのピザ1枚分）
タンポポの葉……3〜4枚
タネツケバナ（P56）
……好みの分量
トマトソース（P122・市販品どちらでもよい）……大さじ4〜8
粉チーズ……適量
ピザ生地（P122・市販品どちらでもよい）…………直径22cmのもの１枚

1 ピザ生地を焼くか温め直す。タンポポの葉とタネツケバナをよく洗い、水けをしっかりきる。
2 ピザ生地の上にトマトソースを塗り、粉チーズをふって、1をのせる。

Memo
食後にタンポポコーヒーはいかが？　タンポポの根をスライスし、天日干ししてフライパンでから煎りし、ミルサーにかける。鍋に大さじ1のタンポポコーヒーと水200mlを沸かして茶こしでこして飲む。カフェインが含まれていないので子どもも飲める。体を温め、風邪や婦人病改善によい。

タンポポの葉の
ごまみそあえ

材料（作りやすい分量）
タンポポの葉………100g
白ごま……40g
八丁みそ……35g
だし汁（または水）……大さじ3〜5

[1] タンポポの葉は、たっぷりの熱湯で約2分ゆでたらしっかり水にさらし、1cmの長さに切る。
[2] 白ごまを煎ってすり鉢ですり、みそとだし汁を加えて混ぜ、[1]をあえる。

タンポポの軸の
松の実あえ

材料（作りやすい分量）
タンポポの軸（茎のこと）
……約10本
松の実……大さじ2
水……大さじ1〜2
薄口醤油……少々

[1] タンポポの軸は2分塩ゆでしたら水にさらし、1cm長さに切る。
[2] 松の実を粗みじんに切って、すり鉢でする。水を入れてとろみをつけたら、[1]と醤油を入れてあえる。

Memo
タンポポやフキの葉のようなアクの強い野草には、八丁みそのような濃い味のみそを使うといいでしょう。

タネツケバナ

アブラナ科・タネツケバナ属

クレソンにも負けない、パンチのきいた風味。ハーブだと思って気軽に使いたい野草

繁殖力が強く1年中生えているが、花が咲くのは3〜4月。玄関先の植木鉢にいつの間にか生えていたので、食卓に緑が足りないときは、ちょっと摘んで活用している。

田んぼの準備をするために米の種籾(もみ)を水に浸け始める4月ごろ、可憐な白い花を咲かせることから種浸け花（タネツケバナ）と言われるようになったとか。昔は、この花の開花が種籾を浸ける準備の合図だったのでしょうね。

味ですが、クレソンに似て、ピリッと辛みがきいています。サラダとして食べるとおいしいですよ。薬味にしてもいいでしょう。

ナズナ（P76）とよく似ていますが、うっかり間違えてしまっても大丈夫。ナズナも食べられる野草ですから。

●いつ摘める?……葉は1年中、花は3～4月ごろ。

●どこで摘める?……道端、野原、田、土手、庭など。

●摘み方……上の葉先やつぼみをつまむようにして採る。

●体にいいこと……利尿作用があり膀胱炎や尿道炎、むくみの改善にも。消化促進の役割も果たす。

●おいしい食べ方……葉も茎も花も蕾も生で食べられる。辛みを生かすには生で食べるのが一番。肉や魚料理に添えたり、スープに散らしたりしてもよい。生で食べて辛みが強すぎるようなら、サッとゆでて水にさらしてから使ってもよい。

タネツケバナのカラフルサラダ

材料（作りやすい分量）

タネツケバナ……約20g

ナノハナ（P12）、モモの花、サクラの花（P24）、
ショカッサイの花……各約7個

ドレッシング

白ごま……大さじ2

A
- 紅花油（なければサラダ油）……50ml
- ごま油……10ml
- 米酢……40ml
- 醤油……大さじ1
- 玉ねぎのすりおろし……大さじ1
- にんじんのすりおろし……大さじ1

1 タネツケバナを洗い、水けをふき器に盛る。

2 それぞれの花はサッと水で汚れを洗い流して乾かし、1の上に彩りよく飾りつける。

3 ごまを煎ってすり鉢ですり、Aを加えて混ぜてドレッシングを作る。2に添える。

COLUMN

苦みがおいしい春の野草のてんぷら

野草の料理方法に迷ったら、まずはてんぷらにしてみましょう。野草料理初心者さんでもおいしく作れます。ご紹介するてんぷら衣は、卵を使わずに粉と水、塩だけで作るマクロビオティックのレシピ。シンプルな配合なので、野草の香りや苦みをしっかり味わえます。

野草にこのてんぷら衣をつけるときは、菜箸などを使わずに手でつけてください。なぜなら、衣に卵が入っていないため少々からみにくいのです。赤ちゃんをなでるような優しい力かげんで、全体につけていくことがポイントです。

上からツツジの花、ショカッサイの花、ヨメナの葉（P42）、ホタルブクロの芽（P91）、タチツボスミレの花と葉（P20）、ヒメオドリコソウ、タンポポの葉（P50）。

＊ホタルブクロは夏野草として紹介していますが、ひと足早く新芽をてんぷらにしました。

材料（作りやすい分量）
国産小麦粉（地粉）……130g
水……200ml
塩……少々
野草……適量
揚げ油……適量

1. 野草を洗って水けをふく。
2. ボウルに小麦粉と水、塩を入れて混ぜる
3. 野草に②の衣を手で、赤ちゃんをなでるような感じでつけていく。卵を使っていない衣なので、手でやさしくつけないとからまない。
4. 180°Cの油でカラリと揚げる。

左上から右回りに、ヤブツバキ（P18）、スギナ（P45）、カキドオシ、アケビの花（P74）、ホトケノザの花の蕾、カラスノエンドウの葉と花（P36）、フキノトウ、まん中タンポポの花（P50）。

幸せを呼ぶ!?
シロツメクサのてんぷら

シロツメクサの葉（P10）、つまりクローバーのてんぷらなんてどうでしょう。これは特徴のある葉の形がわかるように揚げることがポイントですから、指先で薄く衣をつけて、高温でサッと揚げましょう。良い塩をパラリとふって食べましょう。

ヨモギ

我が家の歳時記として取り入れたい、ヨモギ摘みや草もち作り

キク科・ヨモギ属
別名／モチグサ、ヤイトグサ、ヤイグサ、ヤキクサ

1年中摘めるけれども、やはりおすすめは春先。5〜6cmほどにしか成長していないヨモギの若葉は苦みが少なくておいしい。

ヨモギ茶の作り方

ヨモギでお茶を作るなら、6〜8月。写真のように花が咲いているものを摘むとよい。ただしアブラムシに注意。虫が嫌な場合は、咲く直前のものでもよい。

意外と知られていないのが、お灸（きゅう）の材料がヨモギだということ。葉を乾燥させ、細かく砕き、裏の綿毛だけにしたものがお灸のもぐさに使われる。ここから、よく燃える草という意味で〃ヨモギ〃という名前がついたそう。

野原や住宅街など身近なところに生えていて、形に特徴があり、春菊のような香りのするヨモギは、野草初心者でも見分けやすいので安心して摘めます。人気の草もちだけでなく、ヨモギから作れるお菓子をたくさん紹介しましたので、ぜひ挑戦してください。

●いつ摘める？……2～3月に草丈5～6cmまでの若葉を、10月ごろまでは茎の先につくやわらかい葉をそっと摘む。

●どこで摘める？……本州、四国、九州の道端、野原、土手、河原、田畑など。

●摘み方……茎先数cmの葉を手で摘む。お茶を作るなら草丈70cmほどに育ったものを全草採取。

●体にいいこと……高血圧、神経痛、リウマチ、止血（痔、鼻血、子宮出血）によいとされる。乾燥させた茎や葉をさらしに包んでお風呂に入れると肩こりや冷え性を改善。

●おいしい食べ方……てんぷらが食べやすい。ゆでて水にさらし、アクぬき後、草もちなどにしてもよい。春先の新芽をゆでて冷凍保存することもできる。

ヨモギのさっくりクッキー

材料（直径4cmのもの約30個分）
ヨモギ……60g
水A……20ml
全粒粉……240g
ごま油……大さじ4
塩……小さじ⅔
水B……60ml

1 ヨモギパイ（P62）の作り方1～4と同じ。
2 1を2cmくらいのボール状に丸め、手のひらで軽く押して平たい丸形にする。
3 200°Cに温めておいたオーブンで15分焼く。

ヨモギパイ

材料（直径22cmのパイ皿1台分）

パイ生地

- ヨモギ……60g
- 水A……20ml
- 全粒粉……240g
- ごま油……大さじ4
- 塩……小さじ⅔
- 水B……60ml

フィリング（小豆あん）

- 小豆……½カップ
- C 黒砂糖……25g
- C 塩……小さじ½弱

[1] パイ生地を作る。熱湯でヨモギを約3〜5分ゆでて水にさらしてからよく絞る。

[2] フードプロセッサーに[1]と水Aを入れ攪拌する。

[3] 粉と塩を混ぜ、中心にごま油を落とし、手ですり合わせる。

[4] [3]に[2]と水Bを入れ、ひとまとめにしたらラップに包んで冷蔵庫で30分ねかせる。

[5] 小豆あんを作る。小豆はたっぷりの水でやわらかくなるまで煮てCを加え混ぜる。

[6] [4]のパイ生地の½強をパイ皿より大きめにのばしてパイ皿に敷く。皿からはみ出た部分は切り、フォークで底に穴をあける。

[7] [6]の中央に[5]を入れ、残りのパイ生地で1cm幅の帯を作って編むようにのせていく。

[8] [7]を200°Cに熱したオーブンで20分ほど焼く。

ヨモギスコーン

材料（直径6cmのもの約30個分）

ヨモギ……150g

A
- 国産小麦粉（地粉）……300g
- 全粒粉……200g
- 黒砂糖……25g
- ベーキングパウダー……大さじ1½（17.5g）

レーズン……50 g

バター（無塩）……150g

B
- 無調整豆乳……225ml
- 卵……1½個

1. ヨモギをたっぷりの湯で約3～5分ゆでて水にさらし、水けをきる。
2. ボウルにAを入れて混ぜる。
3. バターをサイコロ状に切り2に加え、指先を使って、さらさらのパン粉状に、すり混ぜる。
4. ボウルにBを入れて泡立て器でよくかき混ぜる。
5. 4を3に加え軽く練り混ぜ、手でひとまとめにする。
6. 5にレーズンとみじん切りにしたヨモギを混ぜる。粉をふった台の上に置き、めん棒で2～2.5cmの厚さにのばし、直径6cmのプリン型で抜く。
7. 天板に6を並べ、190℃に温めたオーブンで35～40分、きれいな焼き色がつくまで焼く。

ヨモギの玄米草もち

材料（20〜30個分）
ヨモギ……200〜300g
玄米もち粉……500g
熱湯……300〜400ml
A きな粉……大さじ6
A 塩……小さじ1/3
黒蜜……適量

黒蜜（作りやすい分量）
小鍋に黒砂糖50gと水30mlを入れ、黒砂糖が溶けるまで弱火で混ぜ合わせる。

1 玄米もち粉と熱湯を混ぜ合わせ、耳たぶくらいのやわらかさにまとめる。こぶし大程度に丸めたら蒸気の上がった蒸し器で20〜25分蒸す。

2 ヨモギは、洗ったらたっぷりの湯で約3〜5分やわらかくなるまでゆでる。水にさらし、水けをよく絞って細かく切り、すり鉢でする。

3 1が透き通るように蒸しあがったら2のすり鉢に入れ、すりこ木に水をつけながら、ヨモギと一体になるまでしっかりつく。

4 3を20〜30等分して丸め、黒蜜の中でころがし、器に盛り、Aを上からかける。

葉の下のほうは、ほうれんそうのように切れ込んでいる。1月ごろから葉や茎が赤く色づくが、3月ごろになると緑色に。花は夏から秋にかけて咲く。生の茎をチュッと吸ってみると酸っぱい。

スイバ

タデ科・ギシギシ属
別名／スカンポ・ソレル

酸っぱい野草から作る2色のジャムは絶品！

スイバは酸い葉と書き、文字どおり酸っぱい味がします。生でも食べられますが、シュウ酸が多いので多食は控えましょう。

ギシギシ（P22）とそっくりですが、成長すると葉がかたくごわごわになりスイバより大型です。また赤くもならず、酸味もありません。この本ではスイバから作る、2色のジャムをご紹介しています。緑のジャムは見た目は美しくありませんがまろやかな味で、赤いジャムは酸味が強く、体が目覚めるような味。

スイバの葉のみどりのジャム

材料（作りやすい分量）
スイバの葉……80g
白砂糖……40g
レモン……1個

1. スイバの葉と緑の茎の部分を折り取る(a)。鍋に洗って刻んだスイバの葉と緑の茎を入れ（b)、白砂糖をまぶし1時間以上おく。
2. そのまま弱火にかけ5〜10分煮る。
3. 絞ったレモン汁を入れてフードプロセッサーにかけ、攪拌する。そば粉クレープなどにつけて食べる。

a

b

●いつ摘める?……赤い葉は1〜3月。緑の葉は3〜4月ごろ。
●どこで摘める?……日本全国の田畑、野原、土手、庭など。
●摘み方……土に近い茎から、摘む。若芽や若葉がおいしい。
●体にいいこと……便秘を改善。

近年、がん予防にも力を発揮するとの研究結果もある。生の根をすりおろした汁は、たむしや水虫にも効く。生の葉を吸うとのどの渇きを癒し、浄血にも効果が。

●注意!……シュウ酸が多いので多食はしない。妊婦さんは、とくに多食は避けたほうがよい。

●おいしい食べ方……生食の場合、細かく刻んで納豆や梅肉とあえる。または、ジャムなどにして少量楽しむ。

スイバの茎の赤いジャムとポテトパンケーキ

材料（直径12cmのもの2枚分）

スイバの茎の赤いジャム

　スイバの赤い茎……30g

　白砂糖……15g

　レモン汁……適量

ポテトパンケーキ

　じゃがいも……300g

　国産小麦粉（地粉）……120g

　塩……小さじ⅓

　植物油……少々

a

b

1 スイバの赤いジャムを作る。スイバの茎の赤い部分を折る（a・b）。鍋に洗ったスイバの茎を入れ、白砂糖をまぶし1時間以上おく。

2 そのまま弱火にかけ5〜10分煮る。

3 2に絞ったレモン汁を入れてフードプロセッサーにかけ、攪拌する。

4 パンケーキを作る。じゃがいもの皮をむき、生のまますりおろす。

5 4と小麦粉と塩を混ぜ合わせ、耳たぶくらいのかたさにし、2等分する。

6 熱したフライパンに植物油をひき、5を入れて直径12cmの円形にし、両面を約4分ずつ焼く。

COLUMN

春の楽しみ 野の花のジャム

今年はぜひ、野草のジャム作りに挑戦してみませんか？　これらのジャムには、マクロビオティックでは使わない白砂糖を色を鮮やかにするために使っています。ただ一般にくらべて分量はずいぶんと控えめです。どうしても白砂糖を避けたい方は、はちみつで作ってもいいでしょう。とろみつけには、体を温める作用のある葛粉を使っています。スイバのジャムはどちらも最近人気のルバーブジャムに似た味がすると評判です。バラの花やツバキの花のジャムは農薬がかかっていない花びらで作ってくださいね。

左上からスイバの茎の赤いジャム（P67）、ツバキのジャム（P19）、スイバの葉のみどりのジャム（P66）、そしてバラのジャムです。バラのジャムの作り方はツバキのジャム（P19）と同じです。

豆乳ブラマンジェ バラのジャム添え（直径5cmのプリン型6個分）
鍋に無調整豆乳400ml、葛粉1/2カップ、水50mlを入れ、手でよく溶いて中火にかける。煮立ったら弱火にして木べらでなめらかになるまで練る。ぬらした型に流し入れて冷やし固める。器に盛りバラのジャムをかける。

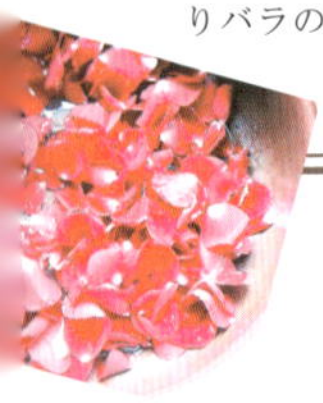

COLUMN

新・季節の歳時記
野の花のゼリー作り

花が食べられる！　それだけで楽しい気持ちになりませんか？　私はお花の美しくて、かわいい姿をそのまま生かしたいときにゼリーを作ります。生で食べられるお花を見つけたらまずゼリーにしてみようと思います。

とても簡単ですから、新たな季節の歳時記として取り入れてみませんか？

ゼリーは梅酒ゼリー。作り方はスミレの花のゼリー（P21）と同じです。きれいに作るポイントは、ゼリーが固まりかけたところへ静かに花をのせること。

一番上から右まわりにサクラ（P24）、モモ、アケビ（P74）、アカツメクサ（P10。この花は見ためがかわいいので使いましたが、生食では食べない）、ナノハナ（P12）、タチツボスミレ（P20）。

セリ

セリ科・セリ属
別名／シロネグサ、ノゼリ、タゼリ、ミズゼリ

スーパーに売っている高級野菜が野草⁉

川辺や溝、田畑のあぜ道などに生えていることが多い。私は、買ってきたセリと三つ葉の根を植木鉢に植えています。簡単に育ち、摘んでも摘んでも生えてくるのでこのふたつに関しては八百屋さんいらずです。

野草教室で、都会育ちの生徒さんに「セリが野に生えているんですか？」と驚かれます。残念なことに年々少なくなりましたが、日当たりのよい少し湿ったような場所を探せばまだありますよ。

気をつけてほしいのが、セリと同じ場所に生えることが多いドクゼリやキツネノボタン。これらは毒草です。セリの根には白いヒゲがはえているのに対してドクゼリの根は太い節がついた筍のような形で、切ると黄色い汁が出てきます。またキツネノボタンは、黄色い五弁の花が咲きますが、新芽だけ見るとセリにそっくりです。「どっちかな？」と思ったら摘まないでください。中毒になってからでは取り返しがつきません。

セリの五色あえ

材料（5人分）

セリ……50g		植物油……適量
ナノハナ……50g	A	醤油……大さじ3
にんじん……中½本	A	酢……大さじ1½
白菜……2枚	A	ごま油……大さじ2
春雨……80g		ごま……大さじ2

1 セリ、ナノハナ、白菜は洗ってそれぞれ、サッとゆでる。ざるにあげて水けをきり3cmくらいに細く切る。

2 にんじんはせん切りにし、植物油少々でかるく炒める。

3 春雨は、沸騰した湯で1分ゆでたら火を止め、3〜4分そのままおく。ざるにあげたら水をかけて粗熱をとり、食べやすい長さに切る。

4 ごまは炒って、かるくすり鉢でする。混ぜ合わせたAを加えて混ぜる。

5 1、2、3を器に盛り、4をかける。

●いつ摘める？……1〜5月に若芽と若葉を摘む。

●どこで摘める？……日当たりのよい池や川、田んぼのそばや溝などの湿った場所。

●摘み方……若芽や若葉のついた茎を数cm程度、手でやさしく摘む。

●体にいいこと……解熱、貧血予防、食欲増進、便秘の改善など。疲労回復や滋養強壮効果も。刻んでガーゼなどに包んで入浴剤代わりに入れると、肩こりや神経痛なども緩和。

●注意！……同じような場所に生えるドクゼリやキツネノボタンに注意。迷ったら食べない！

●おいしい食べ方……サッとゆでておひたしや、白あえ、酢みそあえ、鍋ものに入れる。

COLUMN

春のデトックスに欠かせない七草粥

「七草なずな、唐土の鳥が、日本の土地へ渡らぬ先に、なな叩いて祝おう」と歌いながら、七草を包丁で叩くのが昔からの風習です。これは、インフルエンザなどの外国からの疫病を野草の力で防御しようという昔からの知恵。さらに、お正月のごちそうの食べすぎを、七草の力を借りてデトックス（解毒）するという生活の知恵でもあります。

実際野草の苦みには、消化を助ける成分や免疫力を高めるビタミンCが多く含まれています。昔の人はそれをわかっていたんですね。

そして、歌にあるようにまな板の上ですべての七草を混ぜながら叩くと、それぞれの草の持っている陰性と陽性の引き合いが始まって何とも言えぬよい香りがするので、ぜひやってみましょう。

ところで七草とは、セリ、ナズナ、ゴギョウ、ハコベ、ホトケノザ、スズナ、スズシロのこと。この中のスズナはかぶ、スズシロは大根だとされています。しかし異説もあり、スズナはノビル（P32）、スズシロはヨメナ（P42）とも言われていて、私はこの説のほうが全部野草なので気に入っています。またホトケノザとはコオニタビラコのことと言われていますが、近年希少種となり、ほとんど見なくなりました。ですので、私は写真のオニタビラコを使っています。薬効は同じです。

春の七草

セリ

（P70）

ナズナ

（P76）

ゴギョウ

材料（2人分）
玄米ごはん……1カップ
だし汁（または水）……3カップ分
セリ、ナズナ、ゴギョウ、ハコベ、
　ホトケノザ、ノビル、ヨメナ……
　全部で20gほど
塩……少々
ごま油……小さじ1

1 小鍋に玄米ごはんとだし汁を入れて弱めの中火に約5分かけてお粥を作る。
2 七草は、よく洗い、まな板の上ですべての七草を混ぜながら細かく切って、ごま油で炒める。
3 1に、2と塩を加えて、ひと煮立ちさせる。

Memo……油で一度炒めるので、野草は水にさらさなくても大丈夫です。油で炒めるのは、野草の持っている陰性を抜く、というマクロビオティックの調理法です。

スズナ（ノビル）
（P32）

スズシロ（ヨメナ）
（P42）

ホトケノザ

ハコベ
（P28）

アケビ

実はもちろん、若葉、花、そしてツルまでもおいしい

アケビ科・アケビ属
別名／ミツバアケビはキノメ、ムラサキアケビ
アケビはイシアケビ

ミツバアケビ。その名のとおり葉が3枚なのがわかるでしょうか。新芽は指先でそっと摘むこと。ツルもおいしいので、いっしょに数cmだけ折りましょう。花の色は暗紫色。

アケビは特徴があるので、野草初心者でもすぐにわかります。アケビとひと口に言ってもミツバ（三つ葉）アケビやイツツバ（五つ葉）アケビ、トキワアケビ（ムベ）などがあります。中でも一番おいしいのはミツバアケビです。

春は、若葉や花をてんぷらに、やわらかい新芽のついたツルは木の実あえにして楽しみます。そして秋に大きな実がなったら、皮を割り、スプーンでほじりながらバナナのように甘い実をいただきます。さらに皮はてんぷらにしたり、漬物にしたりしても。本当に捨てるところのない、素晴らしい木の実です。ちなみに実を食べ終わったあと種を庭や植木鉢の土に埋めておけば、翌春、ちゃんとかわいい芽が出てきますよ。

●いつ摘める？……3～6月は若葉やツル、花を摘み、9～10月ごろは実をもぐ。
●どこで摘める？……日本全国の野原や雑木林。
●摘み方……新芽のついたツルは、10～15cmのところに、ちょうど気持ちよく折れる部分があるので、そこを指の先でポキンと折るように摘む。

●体にいいこと……腎臓炎、尿道炎の緩和、利尿作用も。
●おいしい食べ方……アクが強いので、あえものにする場合はしっかりゆでて水にさらし、アクをぬいてから調理する。てんぷらや素揚げにしてかるく塩をふって食べるのもよい。アケビの花は、透明感があるのでゼリーに入れるなどするとかわいい。

アケビの芽のアーモンドあえ

材料（3人分）
アケビの芽……10cmのもの10本
アーモンド……8粒
水……小さじ2程度
薄口醤油……少々

1 アケビの芽を熱湯で約2分ゆでたら水にとり、半日ほど水をとりかえながらさらし、アクをとる。
2 アーモンドを粗みじんに切ってから、すり鉢でする。
3 水を加えてさらにすり、ペースト状になったら1と醤油を入れてあえる。

Memo
少量が珍味。アーモンドの代わりに、松の実やくるみでもおいしい。

ナズナ

アブラナ科・ナズナ属
別名／ペンペングサ

なでたいほどかわいいと言われる野草。
春の七草のひとつで、独特の甘みがおいしい

草丈20〜30cm、時に50cmほどにもなる野草ですが、やはり成長しすぎたものはかたくて苦い。おいしいのは若いころ。左の写真くらいの若葉は最高の摘みどき。おひたしにすると美味。

初めてナズナを食べたのは、有機農法「土と健康を守る会」の秋の収穫祭のとき。その独特の甘みのあるおいしさに感激しました。

さてナズナという名は、撫菜(なでな)からの変化と言われており、なでたいほどかわいいという意味だとか。別名は、花の下につく三角形の果実を三味線のバチに見立ててペンペン草。どちらもなかなかに趣があります。ナズナは薬効も高く、昔から中国では止血剤、ヨーロッパでは痛風や赤痢などの薬として使われてきました。

春

●いつ摘める？……若葉は2〜4月。花は2〜6月。

●どこで摘める？……日本全国の道端、田畑、野原、空き地、荒れ地、土手など。

●摘み方……やわらかい若葉のころ、全草摘みとる。花先は5cmほど切る。お茶にする場合は花の咲いているときに30cmほどの長さで切り取る。野草茶を作るのは一番生命力の強い、花が咲いているときがよい。

●体にいいこと……下痢止め、利尿、解熱作用。眼精疲労や肝炎予防にも。

●おいしい食べ方……花咲く前の若葉は、サッとゆでて水にさらしてからおひたしに。花が咲いたら全草使ってお茶に。花だけ摘んでサラダにしてもよい。生食可能。

ナズナ茶

材料（作りやすい分量）
ナズナ……5〜6本
水……1000ml

1. ナズナは花の咲いている時期に30cmほどの長さに切り、よく洗い水けをふく。ざるの上に置くか、束ねてつるすかして日陰で3日間ほど干す。
2. 土瓶に1と分量の水を入れ5分ほど煮出す。

Memo
干さずに、そのまま急須にお湯とともに入れてハーブティーのようにしても飲めます。ただし、生の葉の青くさい匂いや味はします。

COLUMN

野の花で作る花氷（はなごおり）

野の花の愛（め）で方のひとつとして、おすすめしたいのが、この花氷。花を摘んで飾るだけじゃなく、氷の中にとじこめ、野草茶に浮かべて楽しむ。見ても飲んでもリラックスできる最高のジャパニーズハーブティーです。氷がとけるにつれて、ほのかに花の香りが立ち上ってくる、そのひとときは至福。嫌なことも、疲れもすべて消えてしまいますよ。できるだけ生食可能な花を選んでほしいですが、アカツメクサなどは色がきれいなので、私は使ってしまいます。食べなければ問題ありません。

摘んだ花を水で洗い、製氷皿に入れて氷を作ります。キューブ型の製氷皿がかわいらしく仕上がるのでお気に入りです。

夏の野草

熱い夏は、近所や庭先に生えている野草を
パパッと摘んで、ササッとごはんにする、
そんな風な野草生活を送りたいもの。
ご紹介するメニューは、
簡単に作れるもの、見た目も味も涼やかなものばかりです。
また、野草はビタミンやミネラルも豊富ですから、
夏バテ対策にもなりますよ。

ヒルガオ

夏の美しい1日花で作る、涼やかな料理を紹介しましょう

ヒルガオ科・ヒルガオ属
別名／コシカ、アオイカズラ、アメフリバナ、ハタケアサガオ

茎は長く伸びて、左巻きに巻きつく。種子ではなく地下茎を伸ばして繁殖していく。切れた茎からも、どんどん増える繁殖力の強い野草。

早朝に咲き、昼にはしぼむ朝顔と似ていますが、ヒルガオは朝開き夕方閉じるのが特徴です。花の由来もおそらく花が昼咲くところからでしょう。色は写真にもあるピンク色のみ。また、ヒルガオよりもやや小ぶりで見た目がそっくりなコヒルガオという野草もあります。どちらも同じように料理して食べられるので安心してください。アサガオも形は似ていますが毒草なので食べないこと。特に種に猛毒を含んでいます。今回は、その美しさを生かした、夏らしいお料理を紹介しました。

ちなみに、万葉集に出てくるカオバナ（容花、貌花）はヒルガオだと言われています。風流ですね。

●いつ摘める?……6～8月。ちなみにコヒルガオは5～8月。

●どこで摘める?……日本全国の日当たりのよい道端や野原、土手、畑など。

●摘み方……若葉や花を手でそっと摘み取る。

●体にいいこと……利尿作用、疲労回復、強壮などの効果があると言われている。また煎じたお茶は糖尿病や膀胱炎の予防や症状改善にもいい。生の葉の汁を虫刺されや切り傷に塗ると炎症がおさまる。

●おいしい食べ方……若葉や若い茎、蕾はゆでて水にさらしてからおひたし、あえもの、炒めもの、汁ものの実にするとよい。花は生食できるのでサラダにも。てんぷらにしてもおいしい。

ヒルガオの花と葉のごまだれソーメン

材料（2人分）

ヒルガオの葉の新芽…適量

ヒルガオの花……適量

ソーメン……2束

ごまだれ

白ごま……大さじ4

A 麦みそ……大さじ4
　醤油……大さじ1

B だし汁……200ml
　しょうがのすりおろし……1片分

1. ヒルガオの新芽を熱湯で約1分ゆでて、水にさらしアクをぬく。花はサッと洗い水けをふき、ガクをはさみで切り取る。
2. 白ごまを煎ってすり鉢ですり、Aを加え混ぜ合わせ、Bを加えてさらに混ぜる。
3. 器にゆでたソーメンと、ヒルガオの新芽、花を飾る。ごまだれにつけて食べる。

ヒルガオの花の豆乳ヨーグルトパイ

材料（直径22cmのパイ皿1台分）
ヒルガオの花（開いているものと蕾・飾り用）……6個
パイ生地
全粒粉……180g
塩……小さじ½
ごま油……大さじ3
水A……75ml
フィリング
ヨーグルト……½カップ
棒寒天……½本
水B……200ml
はちみつ……大さじ3½

1 パイ生地を作る。ボウルに全粒粉と塩を入れて混ぜ、中心にごま油を流し入れ、手ですり混ぜる。
2 1に水Aを加えてひとまとめにしラップに包んで冷蔵庫で30分ねかせる。
3 2の生地をのばしてパイ皿に敷き、フォークで空気穴を開ける。200°Cのオーブンで15分間焼く。
4 フィリングを作る。小鍋に寒天と水Bを入れて中火にかける。溶けたら約30秒沸騰させ、火を止めてはちみつを加える。
5 粗熱をとった4にヨーグルトを加えてよく混ぜる。3に流し入れる。ヒルガオの花は洗って水けをふき、花が開いているものはガクをはさみで切り取り、上にのせ、冷蔵庫で冷やし固める。
6 仕上げに、ツボミをガクごと上に飾る。

ツルナ

ツルナ科・ツルナ属
別名／ハマヂシャ、ハマナ、イソナ、ハマホウレンソウ

ほうれんそうに似た味でアクも少ない、イチオシグルメ野草

肉厚でプリプリした歯応え、ほうれんそうのような味でとてもおいしい。ヨーロッパでは野菜として栽培されている。アクも少ないので水にとるだけでよい。黄色の小さい花が咲く。

ツルナのピザトースト

好みの分量のツルナを2～3分ゆでてざるにあげ、水けをきる。厚切り食パンの上にトマトソース（P122または市販品）適量を塗り、2cmに切ったツルナとピザ用チーズをのせ、チーズが溶けるまで焼く。

●いつ摘める?……2～10月ごろ。
●どこで摘める?……日本全国の浜辺。砂地に茎がツル状にはっている。沖縄ではハマホウレンソウと呼ばれている。
●摘み方……地上に出ている葉を手でそっと摘む。
●体にいいこと……胃腸炎によい。蕃杏（ばんきょう）という生薬の原料でもあり胃弱、胃がん、胃潰瘍によいと言われている。
●おいしい食べ方……歯応えが残る程度にゆでたあと水にサッとさらし、酢のもの、白あえ、炒めものや汁ものの具にする。ゆでずに、てんぷらにしてもよい。グラタンに入れるのもおすすめ。ほうれんそうと同じ感覚で料理できる。

オランダガラシ

アブラナ科・オランダガラシ属
別名／クレソン、ミズガラシ

サラダにつけ合わせに大活躍のあの野菜、すぐそばに生えていませんか？

昔は山中の谷あいから町中の小川、郊外の河原など、水の流れるところにはオランダガラシがあったものですが、最近はずいぶん見かけなくなりました。それだけ水が汚れてしまったのでしょうか。でも、今だって、探せばあんがい、あちこちに生えているんですよ。

オランダガラシというよりもクレソンのほうが皆さんはピンとくるのではないでしょうか。「スーパーで買うもの」と思いこんでいる方もきっと多いでしょうね。もとは明治時代初期に、料理のつけ合わせとして持ち込まれた西洋野菜でした。繁殖力旺盛なため日本全国で生育するようになりました。水を好む野草なので、水辺をおとずれたとき探してみてくださいね。味のほうは、ご存じのとおり辛みがあります。肉料理の付け合わせが一般的ですが、炒めものや煮ものなどもおすすめ。

オランダガラシと
サツキのサラダ

材料（4人分）
オランダガラシ……150g
サツキの花……5個
ゆでた黒豆……½カップ
にんじん……少々
ドレッシング
　にんじんジュース……40ml
　紅花油……40ml
　酢……20ml
　塩……小さじ½強
　黒こしょう……少々

1 オランダガラシはよく洗って水けをふき、食べやすい長さに手でちぎる。にんじんは、ごく細いせん切りにする。
2 1の上に黒豆とサツキの花びらを彩りよく飾る。
3 ドレッシングの材料を合わせて添える。

●いつ摘める？……ほぼ1年中。春の若葉はもちろん、夏でもじゅうぶんおいしい。摘み草の少なくなる夏にはうれしい存在。
●どこで摘める？……小川、湧水池、河原など水の流れがある場所。

●摘み方……先のほう10〜20cmくらいを手で折るか、はさみで切る。
●体にいいこと……カロテンやビタミンC・B群、カルシウム、鉄などが豊富。貧血予防、消化促進、強壮効果が期待できる。辛み成分には体を活性化させる抗酸化作用も。

●おいしい食べ方……生食できるのでサラダや、薬味として楽しんだり、油で炒めたり、酢みそあえや白あえに、鍋やスープに入れてもおいしい。

オオバコ

見た目も生命力の強さも絵に描いたような雑草！

オオバコ科・オオバコ属
別名／ゲロッパ、スモウトリグサ、ヒキアイ

別名スモウトリグサ。幼いころ、オオバコの茎どうしをからませて引っ張り合う草相撲で遊んだ思い出がある方も多いでしょう。てんぷらにすると葉がぷくっとふくらみ、その様子がカエルに似ていることから、ゲロッパとも言います。穂状のものが花です。

オオバコの名前の由来は、文字どおり「大きな葉」だからだとか。その昔、オオバコは大八車に踏まれてもめげずに、そのワダチの跡にさえどんどん生えたと言います。そんなことから「道に迷ってもオオバコをたどっていけば民家にたどりつく」と言われていたそう。かっこいいですね！　うさぎや鳥の餌ですし、どこでも見られるので、ついぞんざいに扱ってしまいがちですが、実は、薬効も高いありがたい野草なのです。お茶は、車前草（しゃぜんそう）と言われ、下痢止めや咳止めなどに効果があります。また種子は車前子（しゃぜんし）と言われる民間薬で、咳止めや視力向上に効くと言われてきました。

●いつ摘める?……若葉は3~5月。花は5~10月ごろ。
●どこで摘める?……日本全国、路地のすきまや野原、土手など、どこにでも生えている。
●摘み方……若葉は地表に近いところから、手またははさみで摘む。花は、茎ごと抜く。日陰にあり人や動物に踏まれていないものを選ぶ。

●体にいいこと……下痢止め、咳止め、止血、利尿作用があり、強壮効果もある。視力向上や去痰にもいいと言われている。

●おいしい食べ方……てんぷらに。ゆでて、しっかり水にさらしてから、酢のもの、あえもの、炒めものなどにも使う。お茶にするなら花の咲いているものを全草採取し、天日干しして煎じる。

オオバコのそば寿司

材料(4人分)
オオバコ……120g
そば(乾麺)……480g(片端を結んでゆでる)
にんじん……40g(せん切りしてゆでる)
干ししいたけ……4枚(戻してせん切り)
A 干ししいたけのもどし汁……150ml
A 醤油……大さじ1
焼きのり……4枚
塩……適量
つけ汁
B 醤油……適量
B だし汁……適量
わさび……適量

1 オオバコは熱湯で塩ゆでして水にさらす。干ししいたけはAで5分煮る。
2 巻きすの上にのりを敷き、そばを薄くひろげ、1とにんじんを芯にして巻く。
3 混ぜ合わせたBとわさびを添える。

ツユクサ

食べて、眺めて楽しめる、可憐なコバルトブルーの1日花

ツユクサ科・ツユクサ属
別名／ボウシバナ、アオバナ、ツキクサ

私の大好きな、きれいで可憐な花。じっと見ていると、なんとも不思議な形をしていると思いませんか？　花びらは2枚ではなく、この青の花びらの下に白い花びらもあり全部で3枚です。

ツユクサは、朝に花開き午後2時ごろにはしぼんでしまう1日花。花瓶に飾ってもお昼にはしぼんでしまって悲しくなります。コバルトブルーの花びらで、子どものころ染料にして遊びました。実際に、昔は、友禅染めの下絵用染料として使われていたそうです。

夏の野草は、加熱すると、たいがい茶色くなりますが、ツユクサの葉は、ゆでても緑色は鮮やかなまま変わらない貴重な夏野草です。今回は、ツユクサの美しい緑色だけでなく、そのクセのない食べやすさを生かした料理を紹介します。

●いつ摘める？……5〜7月ごろ、若い芽の双葉や若い茎を摘む。花は6月〜9月。

●どこで摘める？……日本全国の道端、野原、畑、土手、庭など。

●摘み方……新芽や若葉は草丈10cmほどのものから手で葉先からそっと摘む。花は、首にあたるところを爪で切るように摘む。

●体にいいこと……利尿、湿疹改善。あせもには生の葉をそのまますりつけるとよい。また生の葉をすりつぶして絞ったものを飲むと高血圧予防になる。干した葉を入浴剤にすれば、あせもや湿疹の症状改善に。

●おいしい食べ方……新芽や若葉はてんぷらにしたり、炒めものにする。おひたしもよいが、必ず2〜3分ゆでて水にさらしてから調理する。

ツユクサのかんたんキッシュ

材料（30×18cmのオーバル型1台分）
ツユクサの若葉……50g
じゃがいも……大2個
玉ねぎ……1個
溶き卵……6個分
ごま油……大さじ1
塩……小さじ1
黒こしょう……少々
粉チーズ……適量

1. ツユクサはたっぷりの湯でゆで、水にさらして絞り、2cmに切る。
2. 玉ねぎは薄切りにして、ごま油で炒める。じゃがいもは丸ごとゆでてから5mm厚さの輪切りにする。
3. 型に油（分量外）を塗って2を入れる。溶き卵を流し入れ、塩、こしょうする。ツユクサをちらし、粉チーズもふりかける。200°Cのオーブンで15〜20分焼く。半熟くらいがおいしい。

ツユクサのくずもち

材料（8×12cmの流し缶1個分）
ツユクサの若葉……40g
A 葛粉……½カップ（50g）
A 水……300ml
白ごまペースト……大さじ2
水……50ml
黒蜜（作りやすい分量）
　黒砂糖……100g
　水……70ml
B きな粉……適量
B （あれば）胚芽粉……適量
B 塩……適量

1 小鍋にAを入れて手でよく溶き、白ごまペーストを加えてよく混ぜる。
2 1を中火にかけ、木べらで5分以上練る。
3 ツユクサをたっぷりの湯でゆでて水にさらす。フードプロセッサーに入れる。水50mlを加えてペースト状になるまで攪拌する。
4 2の鍋に3を入れて混ぜる。
5 4をぬらした流し箱に入れて、氷水で冷やし固める。
6 黒蜜を作る。黒砂糖と水70mlを小鍋に入れて、とろみがつくまで煮溶かす。
7 5を、食べやすい大きさに切って器に盛り、6の黒蜜をかけ、Bを混ぜてかける。

ホタルブクロ

その昔ホタルを入れて遊んだという風雅な野の花

キキョウ科・ホタルブクロ属
別名／チョウチンバナ、アメフリバナ

釣鐘型の花の中に、子どもたちがホタルを入れて遊んだことから、ホタルブクロと名づけられたと言う。草丈は大きくなると80cmほどになる。写真左は5月ごろの若葉。

ホタルブクロの酢のもの

ホタルブクロの花10個をたっぷりの湯でサッとゆでたら酢水にさらして色どめする。大根おろし90g、米酢小さじ1、（あれば）天然酵母飲料小さじ1、塩少々を混ぜ合わせホタルブクロとあえる。

●いつ摘める？……若葉や若芽は4～6月ごろ。花は7～8月ごろ。

●どこで摘める？……北海道から九州までの山地や野原、土手、庭など。日当たりのいい場所に育つ。

●摘み方……若芽や若葉はやわらかいものを茎先から手で摘む。花は首にあたるところから静かに爪で切り離す。

●おいしい食べ方……てんぷら以外は、ゆでて水にさらしアク抜きしてから調理する。生食はしない。花は酢のものやサラダに。

ユキノシタ

食用よりも民間薬として活躍してきた野草です

ユキノシタ科・ユキノシタ属
別名／コジソウ、ユキワリシタ、イドグサ

ユキノシタの葉は1年中摘めるが、この白い花は6月に咲く。おもに利用するのは葉。花の天ぷらは風雅である。

ユキノシタは大文字草という植物の仲間です。実際、花が「大」の文字に見えるでしょう。

雪の下でも枯れず、元気なのでこの名前がついたように、生命力が強い植物です。この生命力をいただくという意味で、薬効性の高い野草です。昔は中耳炎などに民間薬としてよく使われました。

また、雪のように白い花の下に葉を広げる、の意味、との説もあります。葉が、虎の耳のように見えるところから、漢名を、虎耳草（こじそう）ともいいます。

●いつ摘める?……葉は一年中、花は6〜7月ごろ。

●どこで摘める?……北海道から九州までの山地や平地の日陰や湿った場所。

●摘み方……葉と花を茎から手で摘む。ただし、お茶を作る場合は花も含めて全草採取する。

●体にいいこと……中耳炎、耳だれには生葉の汁を塗るとよい。干してお茶にすると、風邪、心臓病に。細かく刻んで、すり鉢ですり、ガーゼで汁を絞ったものを飲ませると百日咳や解熱に効果がある。私は、子どもの風邪の解熱に、これをよく使いました。ユキノシタの汁を、1回の量、15mlほど、1日3回飲ませる。

●おいしい食べ方……葉も花もてんぷらが食べやすい。

ユキノシタとトマトのクリームスープ

材料（6人分）

ユキノシタの葉……少々
トマト……400g
玉ねぎ……40g
バター……大さじ1
ホワイトソース……200ml
だし汁……200ml
A 無調整豆乳……90ml
A 塩・黒こしょう……各少々

1. バターで薄切りにした玉ねぎを炒め、5mmに切ったトマトを入れて弱めの中火で15分煮る。
2. 1にホワイトソースを入れ、木べらで混ぜながら20分ふたをしないで煮る。
3. 2とAをミキサーにかける。器に盛り生のユキノシタのみじん切りを散らす。

左は、中心の座が白いからシロザ。下段右は、座が赤いからアカザ。そして下段左は、シロザが秋になり紅葉したところ。

シロザ

味わいも、食感もまさにほうれんそう！
夏に食べると元気がもらえる野草

アカザ科・アカザ属
別名／シロアカザ

ほうれんそうと同じアカザ科だけあり味がとても似ていておいしい。その昔は栽培もされていたということですが、なぜ野草になってしまったのかと思うほど。国語辞典に「藜(あかざ)の羹(あつもの)＝粗末な食事のたとえ」とありますが、なかなかどうして、買ってきてもいいくらいだと思っています。

シロザの特徴は、芽が出る中心部分の座が粉をふいているように白いこと。見た目がそっくりで座が赤いものはアカザです。どちらも同じ調理法で食べられます。

●いつ摘める?……6〜11月。
●どこで摘める?……北海道、本州、九州、四国の野原や河原、畑、荒れ地、乾燥した土地。
●摘み方……中心から生えてくる若葉や若芽を手で摘む。
●体にいいこと……生葉の汁は、虫刺されの症状緩和に、また汁を口の中に含むと虫歯によいとされる。そのほか高血圧や便秘、痛風の予防にも。
●注意!……シュウ酸を含んでいるので生では食べない。また妊婦さんも避けたほうがいい。

●おいしい食べ方……2〜3分ゆでて水にさらし、おひたしやあえもの、酢のもの、汁ものの具に。炒めものにしてもよい。ほうれんそうと同じように料理することができる。

シロザのグリーンポタージュ

材料（2人分）
シロザ（アカザでもよい）……150g
玉ねぎ……150g
じゃがいも……75g
バター……20g
だし汁……400ml
無調整豆乳……100ml
塩……小さじ1
黒こしょう…… 少々

1. シロザはゆでて1cm長さに切る。
2. 温めた鍋にバターを入れ、薄切りにした玉ねぎを弱火で透明になるまで炒める。厚さ3mmに切ったじゃがいもも加えてサッと炒める。
3. だし汁を加え、じゃがいもに竹串がすっと通るまで煮たら、塩を入れて火を止める。
4. 3に1のシロザを加えてミキサーにかけ、なめらかにしたら鍋に戻し豆乳を入れて塩、黒こしょうで味をととのえる。

スベリヒユ

昔から食用として活躍してきた野草です

スベリヒユ科・スベリヒユ属
別名／ヒョウ、ヒョウナ、スベラヒョウ、タコクサ、ニンブトゥカー

直径5〜6mm程度の非常に小さな黄色い花がつく。茎は赤く「酔っ払い草」などと言う地方もあるそうです。スベリヒユのスベリはゆでたときに出るぬめりに由来するそう。またヒユとは、一説によるとひよこと同じ語源で小さくてかわいらしいという意味だとか。この愛らしい花から名づけられたのでしょうか。

日本全国どこにでも生えている、まさに雑草であり野草です。テレビでみて知ったのですが、山形県ではスベリヒユをヒョウと呼び、広く食用しているとか。ゆでて辛子醤油で食べるのが一般的だと地元の方が言っていました。

過酷な日照りの中でも勢いよく繁殖するスベリヒユにはビタミンやミネラルが豊富に含まれているので、夏バテ対策だけでなく、夏場の美容にも力を与えてくれます。沖縄県ではニンブトゥカー（念仏鉦）と呼ばれ、葉物野菜の不足する夏季に重宝されるのだそうです。余談ですが、トルコやギリシアでもサラダにして食べる習慣があります。類似種に園芸用のポーチュラカがありますが、これも、同じように食べられます。

●いつ摘める?……7〜9月。
●どこで摘める?……日本全国の日当たりのよい道端、畑、野原、荒れ地、土手など。
●摘み方……若芽ややわらかい若葉を手で摘む。

●体にいいこと……抗菌、解毒、利尿作用がある。血液中の脂質濃度を下げるオメガ3脂肪酸も含んでいる。生の葉の汁は虫刺されに有効。肝臓病にもよいとされる。全草を乾燥させた「馬歯莧（ばしけん）」と呼ぶ漢方薬があり、解熱、解毒、虫毒に利用している。

●おいしい食べ方……ゆでて水にさらしたものを酢みそなどであえものに。てんぷらや炒めものにしてもよい。

スベリヒユの焼ききしめん

材料（2人分）
きしめん（またはうどん）……2束
スベリヒユの葉……100g
にんじん……100g
削り節……好みの分量
醤油……大さじ3
ごま油……大さじ3

1 スベリヒユの葉は水で洗い、水けをふく。
2 きしめんを袋の表示どおりゆでる。にんじんは細切りに。
3 フライパンにごま油をひいて、にんじんと1を炒める。
4 3に2のきしめんを加えて醤油をまわし入れ、器に盛り、削り節をかける。

サンジソウ

午後3時になると咲く、愛らしくて不思議な花サンジソウ

スベリヒコ科・ハゼラン属
別名／ハゼラン、マニホージュ

葉は上の写真のように、花が咲く寸前のほうがやわらかくておいしいので、摘むタイミングを見極めることが大切。

午後3時になるとピンクの小さな花が咲くことから名づけられたのが三時草（サンジソウ）。ほかにも花火草や星の雫、三時の貴公子、爆蘭など、何か想像力がかきたてられるような名前をたくさんもっている野草です。もうひとつ摩尼宝珠（まにほうじゅ）という名前もありますが、それは仏様が掌の上に持つ宝珠に種の形が似ていることからつけられたようです。

サンジソウは、明治の中ごろ園芸種として日本に入ってきたのが、繁殖力の強さから日本全国で見られるようになりました。

●いつ摘める?……若葉や若芽は7～11月。
●どこで摘める?……日本全国の道端や野原、庭、土手など。
●摘み方……花が開く前のやわらかい若芽や若葉を手でそっと摘む。

●体にいいこと……薬効などは不明。ただし、ビタミン、ミネラル類が豊富でデトックス力は高い。
●おいしい食べ方……スベリヒユ科なのでスベリヒユ（P96）のレシピと共有できる。ただし、スベリヒユと違い、アクが少ないのでゆでてから水にさらす必要はない。炒めものやてんぷら、酢のもの、白あえ、酢みそあえなど青菜感覚で気軽に料理できる。そばやラーメンに入れてもよい。

サンジソウと白菜の甘酢漬け

材料（4人分）

サンジソウ……20g
白菜……400g
自然塩……大さじ1～2
しょうが……1かけ
赤唐辛子……½本
米酢……大さじ2
はちみつ……大さじ1
ごま油……大さじ1
紅花油……大さじ1

1. 白菜は長さ6cm、幅7mmの細切りにして塩をまぶし、重しをして30分おく。
2. 1を軽くしぼってバットに広げ、しょうがのせん切り、種を取って小口切りにした赤唐辛子、米酢、はちみつを混ぜたものとなじませる。
3. ごま油と紅花油を合わせて中火で熱し、2にふりかけて20～30分おく。
4. サンジソウを塩ゆでし、2cmほどに切り、3と混ぜる。

サンジソウとすりおろしれんこんのスープ

材料（5人分）
サンジソウ……10g
れんこん……120g
玉ねぎ……100g
にんじん……50g
コーン……50g
自然塩……小さじ1
ごま油……大さじ½
だし汁……5カップ

1 玉ねぎ、にんじんを1cmの角切りにする。
2 鍋にごま油をひき、玉ねぎを焦げないように炒め、にんじん、コーンの順に加えて炒めて、だし汁を注いでやわらかくなるまで煮る。
3 2に皮のまますりおろしたれんこんを加え、木べらでダマにならないようによく混ぜながら約3分煮る。塩で味をととのえる。
4 3にサンジソウを加え、さっと火を通す。

Memo
サンジソウのほかに同じスベリヒユ科のスベリヒユや、アクの弱い野草などでも作れます。体が温まってれんこんの薬効で風邪予防にもなるスープです。

キイチゴ

絵本に出てくるようなキイチゴたちに胸ときめかせて

バラ科・キイチゴ属

黄色がモミジイチゴで赤いキイチゴがベニバナイチゴ。そして赤と黒の実がなっているのがラズベリー。まるでひとつの木に2種類のイチゴがなっているようですが、ラズベリーは熟すと黒くなるのです。

キイチゴとひと口に言ってもその種類は何百種類もあると言われています。簡単に言ってしまえば、木になったイチゴのこと。その木も低木がほとんどです。私が皆さんにぜひとも体験していただきたいのは、山の中をお散歩しながらのキイチゴのつまみ食いです。実をつぶさないように、指先でそっと摘むこと。ただし、バクバクと山盛り食べるものではありませんから、ほんの少し、山や森からおすそ分けしてもらうつもりでつまんでくださいね。

ヤマグワ

口を真っ黒にしても食べたい、甘酸っぱい果実

クワ科・クワ属
別名／クワゴ、ヤマグワ、ソウハクヒ

大きいクワの木では、葉の形はハートに近い楕円形。真っ黒になった実が、熟しておいしい。

- いつ摘める？……葉は1年中。実は6～7月。
- どこで摘める？……山林、土手。
- 摘み方……実をつぶさないようにそっと摘む。
- 体にいいこと……葉を煎じて飲むクワ茶には、動脈硬化予防、利尿作用、高血圧予防、滋養強壮などがある。クワの実には豊富なビタミン類のほか、免疫力を高め美容にもいいとされる高い抗酸化作用を持つポリフェノールが含まれている。
- 注意！……蛾の幼虫が好むことから体毛が付着していることがあるので、洗ってから食べる。
- おいしい食べ方……葉は天日干ししてから土瓶で煮出す。クワの実はジャムや果実酒に利用。

キイチゴの豆乳アイス&クワの豆乳アイス

材料（1人分）
キイチゴ（またはクワの実）……25g
無調整豆乳……80ml
はちみつ……大さじ½

1. キイチゴはヘタを取り、洗って、水けをふく。
2. ミキサーに飾り用を除いた1、無調整豆乳、はちみつを入れてしっかり攪拌する。
3. 2を冷凍庫に入れて9割程度冷やし固めたら、一度取り出して、フォークなどで空気を入れるようにしてかき混ぜ、もう一度冷凍庫で冷やす。器にキイチゴを飾る。

Memo
今回はモミジイチゴを使いましたが、いろいろなキイチゴでトライしてください。「クワの豆乳アイス」の分量、作り方も「キイチゴの豆乳アイス」と同様です。

ドクダミ

薬草茶の王道、どくだみ茶を作ってみませんか？

ドクダミ科・ドクダミ属
別名／ドクダメ、ジュウヤク

コップに差して冷蔵庫に入れておくと、かわいい脱臭剤に。もちろん、トイレにもどうぞ。

ドクダミ茶を作るために、根をひもで縛り、葉を下にしてハンガーにくくりつけて干している。右の茶色い葉がドクダミで、左の葉がヨモギ。

時々ドクダミと聞くと、毒草と思い警戒する方がいらっしゃるのですが、むしろその逆。体内の毒素を排出してくれる素晴らしい野草です。ドクダミの別名はジュウヤク（十薬）ですが、その名のとおりたくさんの薬効があるという意味。実際ドクダミは、その汁を直接塗っても、煎じて飲んでも、食べても体にいいのです。しかし、その利用法を知らないばかりに庭でもてあましている方も多いよう。まずは、この本でドクダミ茶作りから始めてみませんか？

●いつ摘める?……6～7月。
●どこで摘める?……日本全国どこでも。道端、空き地、野原、荒れ地、土手、庭など。
●摘み方……お茶にする場合は全草必要なので根っこから抜く。面倒なら茎から切ってもよい。葉だけを摘むなら、茎先のやわらかい若葉を手で摘む。
●体にいいこと……生の葉をもんで、その汁を患部につけるか湿布すると腫れ物、虫刺され、水虫、イボ、ニキビ、たむし、疥癬、蓄膿症（鼻の穴に入れる）によい。お茶なら便秘、浄血、解毒、利尿に効き目あり。
●注意！……野草茶は腐りやすいので早く飲み切ること。
●おいしい食べ方……匂いが気になるなら葉と花をてんぷらにすると食べやすい。

ドクダミ茶

材料（作りやすい分量）
乾燥ドクダミ……5～10本
水…1000ml

1. 根を中心にしてたわしでよく洗い、古タオルなどでかるく押さえるようにして水けをふきとる。
2. 根をひもで縛り、葉を下にしてハンガーなどにくくりつけて、約7日間、天日干しする。
3. 土瓶ややかんに水とドクダミを入れる。沸騰後、弱火にして約40分ほどかけて3分の2（700ml）くらいになるまで煎じる。茶こしでこして熱いうちに飲む。

Memo
私は、ドクダミに乾燥させたヨモギ（P60）やクコも少しずつブレンドした野草茶を愛用しています。ヨモギ茶は体を温めてくれ、高血圧予防に。クコは肝機能を高めます。

COLUMN

ビールにピッタリ夏の野草のてんぷら

そうめんのお供に、ビールといっしょに！　と、夏はてんぷらがおいしい季節です。ほのかな苦みと爽やかな青い香りのする野草は、てんぷらという調理法と相性がいいので、夏こそ、ぜひとも野草をてんぷらで楽しんでほしいなと思います。

　また、私にとって思い出深いのがドクダミのてんぷら。初めて食べた野草料理なのです。こわごわと口にしましたが、てんぷらにすることで、あのクセのある香りがやわらぎ食べやすいものだなあと驚いた覚えがあります。個人的に、おいしくておすすめなのはイノコヅチです。

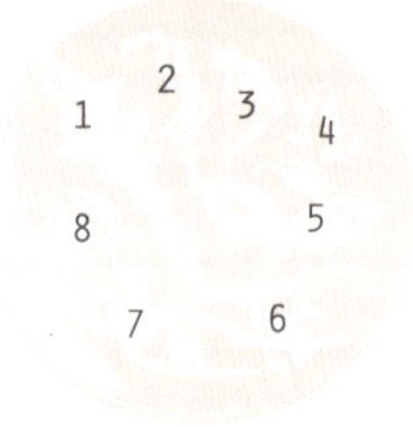

てんぷらに使った部分は……

アキノノゲシ……若葉
ヤブガラシ……若葉
ヒメジョオン……花と若葉（P48）
ドクダミ……花と若葉（P104）
イノコヅチ……若葉
クズ……新芽と若葉
メマツヨイグサ……花と若葉
ツユクサ……若葉（P88）

●てんぷらの衣の材料と作り方についてはP58と同じです。

私と野草との出合い

私は決して野草の大家ではありません。もともと都会育ちで〝雑草〟が食べられることすら知りませんでした。

虚弱体質だった私は、二人目の子どもを産んだあといよいよ弱り、実家で療養生活を続けていました。そのころ、近所のお医者さんが「野草を食べると丈夫になるよ」と教えてくれたのです。半信半疑で、伯母の畑にツクシやヨモギ、タンポポなどを摘みに行きましたが、療養中でウツ状態だった私にとって、春うららのツクシ摘みはなんともいえない癒しになり「最近、病気を治すことばかり考えて、こういうことをまったくしていなかったなぁ」と、しみじみ思いました。

それをきっかけに、マクロビオティックと一緒に野草摘みの勉強も始めたのです。公共機関での薬草勉強会や野草教室に数年通いながらも、あとは実際に摘んでみたり食べてみたりで、ほぼ独学です。

買ってくるものと思っていたお茶が、道端の雑草を干せば作れて、薬効もあるなんて！　くさいと鼻をつまんで通りすぎていたドクダミが、おいしいてんぷらになるなんて！と、当時は感激の毎日でした。自然への開眼です。そして、そのころから徐々に健康になっていきました。

薬草を食べ、食生活を変えることで元気になった私ですが、実は、体にいいから野草料理を伝えたいのではないのです。むしろ昔の私のように体にいいことはないかと、そればかりを考え、視野が狭くなるようなことになってほしくないと思っています。

私が野草を通して健康になったのは、野草を山盛り食べたからではありません。森林浴をしながら野草を摘み、料理することを通して心がリラックスし、そして足元の幸せに、自分の持つ幸せに気づくことができたからです。

野草に実際触れてください。目をとじて命の息吹を感じ、「いのち」を愛することに気がついていただきたいのです。そうすれば自分を愛し、そして他人を大切にすることもできるようになります。ここで大切なのは「まずは自分が仕合せ（幸せ）に」。それで、いいんですよ。

秋の野草

秋と冬は、野草は少なめ。
自然界でも草より木の実がおいしい季節です。
ここではドングリとお茶のレシピを中心に紹介しました。
久しぶりにドングリをたくさん拾ったり
ススキを摘んで帰ったりと、
子どものように楽しんでみませんか？
そして、木の実をじっくり煎ったり、
お茶をことこと煮出したりする時間を
じっくりゆっくり味わってくださいね。

ドングリ

ブナ科

意外に食べたことのある人は少ない!?
栗のように甘みがあり、ほくほくした木の実

マテバシイの木（上）とマテバシイの実（左）。もっとも一般的な“ドングリ”でしょうか。

左がクヌギ。お尻が盛り上がっている。右は、マテバシイ。お尻がへこんでいる。どんぐりの中でマテバシイは渋みが少なく食べやすいので、料理に使いやすい。

ドングリとはブナ科の果実であるマテバシイやクヌギ、スダジイ、カシワなどの総称です。日本には約20種類のどんぐりの木があると言われています。種子の大部分はデンプン質で、縄文時代は主食であったそう。「団栗の背比べ」と言いますが、あれは同じ種類のドングリを背比べしてもほぼ同じなので、それから来た言葉だとか。「団」は「まるい」という意味を持ち、団栗は「丸い栗」という意味を持つように、味は栗に似ています。

●いつ摘める？……9～11月ごろに落ちているものを拾う。
●どこで？……日本全国の道端や、野原、山林など。
●摘み方……落ちているものを拾う。ドングリは、木になっている実は熟していないので渋く、地面に落ちた実が完熟していておいしい。

●体にいいこと……でんぷん質が豊富で縄文時代は主食だったほど。
●注意！……殻を割ると虫が出てくることもあります。

●おいしい食べ方……普通は、何度も水にさらしてアクをぬくのですが、私のやり方は、じっくり火を入れることで、ほこほこした食感を生み出し、殻をむきやすく甘みを引き出す簡単な方法。

煎りドングリ

材料（作りやすい分量）
ドングリ（マテバシイの実）……好みの分量

1. ドングリをフライパンに入れて、ふたをしながら炒る。
2. パンパンと音がして、はぜてきたらできあがり。焦げ目がつくくらいでいい。すぐに中の実を取り出して食べる。熱いうちがやわらかくておいしい。殻をむくときはペンチを使うといい。

Memo
香ばしくて、滋味あふれる味わいでとてもおいしいですよ。昔は、飢饉（ききん）のときの食料として、神社に植えられていることが多かったそうです。

玄米ドングリお赤飯

材料（4人分）
ドングリ(殻つき・マテバシイの実）……300g
玄米もち米……2カップ
小豆……25ml
水……430ml
塩……少々

1 ドングリをフライパンに入れて、ふたをしながら煎る。
2 パンパンと音がして、はぜてきたらできあがり。焦げ目がつくくらいでいい。すぐに中の実を取り出す。熱いうちでないとかたくて殻がむけない。ペンチを使ってもいい。
3 圧力鍋に、すべての材料を入れ30分弱火にかける。強火にし、重りが回りだしたら、ごく弱火にして20分炊く。火を止めて、そのまま10分おく。ふたを開けて、しゃもじで上下を返す。

Memo
栗ごはんと同じようなほっくりとした味です。せっかくなので、ドングリをたっぷりと入れましょう。

ドングリクッキー

材料（4人分）
ドングリ(殻つき・マテバシイの実）……100g
全粒粉…… 1カップ（120g）
塩……小さじ⅓
ごま油……大さじ3
水……100ml
レーズン……30g

Memo
ノンシュガー、ノンケミカルですから、それらにアレルギーのあるお子さんでも安心して食べられます。

1 生のドングリをペンチで少し割って、たっぷりの湯でゆで始める。
2 ゆでながら殻と渋皮を取り、さらに、やわらかくなるまでしっかりゆでる。食べてみておいしければゆであがり。
3 ボウルに全粒粉と塩を入れて混ぜる。ごま油も加えて、手をこすり合わせるようにしてすり混ぜる。
4 レーズンを粗く刻む（1粒を半分くらいに）。
5 2を水と合わせてミキサーに、3～4分、どろどろになるまでかける。ここで、しっかり攪拌しないとかたいクッキーになる。
6 3のボウルに5を入れてよく混ぜ合わせたら4のレーズンも入れて混ぜる。
7 天板に、6を少しずつ手でのせる。
8 180°Cのオーブンで20分焼く。

ヤマノイモ

ヤマノイモ科・ヤマノイモ属
別名／ジネンジョ、ヤマイモ

地上にはムカゴ、地下にはジネンジョ。
雌雄異株の不思議な野草

写真上はむかご（零余子）。本文で紹介したニガシュウのほかにもよく似た植物トコロがある。ヤマノイモとの見分け方のポイントは葉のつき方。ヤマノイモは葉が同じところから右左に生える（対生）が、トコロは左右交互にはえる（互生）。さらにヤマノイモのツルは茶色で、トコロのツルは緑色。

ジネンジョと言えばヤマノイモですね。そしてムカゴと言えば？やはりヤマノイモ。そう、ヤマノイモは地上にムカゴを、地下にはジネンジョを育むのです。さらにヤマノイモには雌株と雄株があります。ヤマノイモの不思議はまだまだ続きます。実るといってもムカゴは実ではなく繁殖器官。ですからヤマノイモは種だけでなく、このムカゴを植えても芽吹いてどんどん繁殖するんだそうです。面白いでしょ？

　ヤマノイモに似た葉にやはりムカゴをつけるニガシュウという植物もあります。これはムカゴと違い苦いので注意。見分け方は葉のつき方。ニガシュウは互生に、山芋は対生に生えています。

●いつ摘める?……9〜11月。

●どこで摘める?……本州、九州、四国の藪地や山林など。

●摘み方……ムカゴはつまむように摘む。ジネンジョはスコップで地道に掘る。その時、根の半分は残しておくこと。そうするとまた育ちます。採取のエチケットです。

●体にいいこと……消化促進、便秘解消、高血圧、糖尿病の予防。健胃、強壮のための漢方薬「山薬」は、ヤマノイモの皮を除いて天日干ししたものです。

●おいしい食べ方……ムカゴは蒸して塩をふって食べたり、炊き込みごはんに。ジネンジョは生でも煮ても、素揚げしてもよい。

ムカゴときのこの炊き込みごはん

材料（4〜6人分）
ムカゴ……100g
五分づき米……3合
醤油……大さじ2½
エノキダケ……半パック
生しいたけ……4〜5枚
まいたけ……半パック
しめじ……半パック

1 炊飯器に五分づき米と醤油を入れ3合の目盛まで水を入れる。

2 1に洗ったきのこ類とムカゴを皮ごと入れて炊く。

ツワブキ

キク科・ツワブキ属
別名／ヤマブキ、イシブキ、ツワ

浜辺に咲く、可憐で、そして生命力旺盛な花

これは自宅の庭に生えているツワブキ。観賞用に庭に植えているお宅も多いことでしょう。浜辺などに自生していることが多く、私は三浦半島でよく見ます。

フキに似た葉を持ち、かつその葉がツヤツヤしていることからツワブキと名づけられたとか。可憐な花には似合わず、潮風の強い海辺で力強く繁殖していく野草です。食べるのは若葉と茎。葉は比較的肉厚で歯応えがあります。茎はキャラブキにもできます。今はキャラブキといえばフキを使いますが、本来はこのツワブキで作っていたそうです。また、生の葉は虫刺されの薬として利用できることを知っておくと、もしものときに便利です。

●いつ摘める？……1～5月。

●どこで摘める？……本州、四国、九州、沖縄の浜辺、野原、庭など。

●摘み方……若葉や新芽は手で摘む。茎は根からはさみで切る。

●注意！……ツワブキに含まれるセンキルキンを多量にとると発がんの可能性を高めるので多食はさけること。

●体にいいこと……生の葉と茎の汁は歯痛や虫刺されの患部に塗るとよい。

●おいしい食べ方……若葉や新芽は炒めものやてんぷらにする。

ツワブキの茎の油みそ炒めとタンポポの根のきんぴら

材料（作りやすい分量）

ツワブキの茎……5本	タンポポの根……3～5本
ごま油……小さじ1～2	ごま油……小さじ1～2
水……大さじ5	水……大さじ5
赤みそ……大さじ1	醤油……大さじ1

1. ツワブキの茎の油みそ炒めを作る。ツワブキの茎はタワシで洗い、葉は除く。水けをふく。
2. 茎を3～4cmに切り、ごま油でサッと炒めたら水を入れ、ふたをして中火でやわらかくなるまで煮る。仕上げに赤みそを入れてからめる。
3. タンポポの根のきんぴらを作る。タンポポの根は洗い、水けをふく。
4. 3をせん切りにして、ごま油でサッと炒める。水を入れてやわらかくなるまで煮る。醤油をまわし入れて、箸で動かしながら煮汁がなくなるまで火を入れる。

左：ツワブキの茎の油みそ炒め　右：タンポポの根のきんぴら

COLUMN

風流を楽しむ 秋の野草のてんぷら

秋の七草をてんぷらにしていただくなんて、ちょっと風流ではありませんか？　今回ご紹介する秋のてんぷらには、ハギ（の花）、クズ（のツル先と若芽）、フジバカマ（の若葉）と3つの七草が入っています。ハギの花が食べられると知っている方は少ないのではないでしょうか。ちなみに残りの七草はキキョウ、ナデシコ、オバナ、オミナエシ、フジバカマです。

変わり種は、アケビの皮のてんぷら。コリコリした不思議な食感です。中身を食べたあと、皮を捨てずにぜひ作ってみてくださいね。

てんぷらに使った部分は……
ハキダメギク……若葉
アケビ（P74）……皮
ヤマノイモ（P114）……若葉
ムカゴ（P114）
クズ……若芽
トコロ（P114）……若葉
ハギ……花
セイタカアワダチソウ……若葉
フジバカマ……若葉

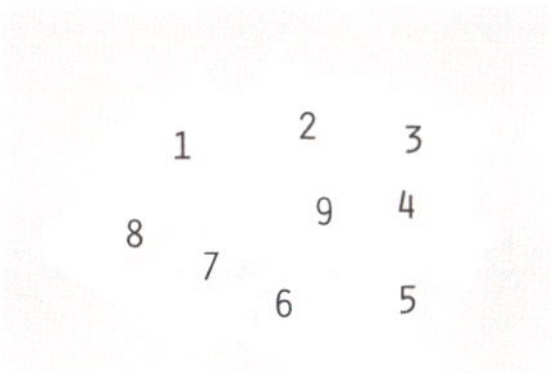

●てんぷらの衣の材料と作り方についてはP58と同じです。

ススキ

イネ科・ススキ属
別名／オバナ、カヤ

秋の七草のひとつ。
イネ科の植物なので香ばしく秋の風情を感じる味わい

写真は9〜10月ごろのもの。夏になると白い穂の状態の花が、あちら側が見えないほどに咲く。ススクスク育つ木という意味からススキと言われるようになった。無理に素手で抜こうとすると手を切るので注意。

ススキ茶

ススキの葉1枚を水で洗って水分をふきとり、はさみで適当な長さに切り、土鍋でから煎りする。香ばしくなったら水500mlを入れ、沸騰したら火を止める。

- いつ摘める？……7〜10月。
- どこで摘める？……日本全国の空き地や川辺、山林など。
- 摘み方……はさみで茎の部分を根元から切る。穂の部分は切り落とす。
- 体にいいこと……利尿、解毒作用がある。風邪や高血圧予防にもよい。
- 注意！……イネ科の植物は、ガラス成分をふくみ、手を切りやすいので注意してください。
- おいしい食べ方……イネ科なので水分が少ないため干す必要はないので簡単に作れる。
- ひと言……ススキは秋の七草のひとつですが、七草と言えば……オミナエシ、フジバカマ、クズ、ハギ、キキョウ、ナデシコ。

ジュズダマ

イネ科・ジュズダマ属
別名／トウムギ

ハト麦の原種で作る、美肌効果のあるお茶

若くて青い実と、熟して黒い実ととがある。お茶にするのは黒い実。

ジュズダマ茶
ジュズダマの葉を5枚、実を10粒、茎を1本を水で洗って水分をふきとり、はさみで適当な長さに切り、土鍋でから煎りする。香ばしくなったら水500mlを入れ、沸騰したら火を止める。

- いつ摘める?……7～10月。
- どこで摘める?……日本全国の空き地や川辺、山林など。
- 摘み方……はさみで茎の部分を根元から切る。茎も葉も実も使う。
- 体にいいこと……ニキビやおできの消炎作用、イボ取り効果、利尿作用によるむくみの改善など、美肌、美容に強い力を発揮する。根は神経痛や肩こり、リウマチの症状もやわらげる。
- 注意!……イネ科の植物は、ガラス成分をふくみ、手を切りやすいので注意してください。
- おいしい食べ方……から煎りしてお茶に。
- ひと言……穴に糸を通し数珠のようにして腕輪を作ったりして遊びましたね。

COLUMN

おまけのミニレシピ

誌面の都合上各レシピに載せられなかった自家製酵母のピッツァ生地とトマトソースの作り方をご紹介。

自家製酵母で作るピザ生地

生地材料（直径22cmのもの5枚）
自家製酵母のパン種……150g
水……300ml
国産小麦粉（地粉）……500g
塩……大さじ1弱
砂糖……大さじ1

1. すべての材料をボウルに入れて混ぜる。20分ほどよく練る。
2. 40°Cで、5時間ほどかけて、2倍の大きさに発酵させる。
3. 2をガス抜きして、5等分する。22cmの円形に伸ばす。
4. 直径22cmのパイ皿にごま油（分量外）を塗り、3をのせ、フォークで穴をあける。
5. 200°Cのオーブンで、12分焼く。

Memo……パイ皿を使うことで扱いやすくしたが、パイ皿がなければ使わずともよい。

トマトソースの作り方

材料
にんにく……1片
玉ねぎ……200g
完熟トマト……4〜5個
（またはトマト水煮缶）……240 g（固形量）
ローリエ……1枚
赤唐辛子……1本
オリーブオイル……大さじ1½
塩……小さじ2
黒こしょう……少々

1. オリーブオイルを温めて、にんにくのみじん切りを炒め、種を取った唐辛子とローリエを入れる。
2. 1に玉ねぎのみじん切りを加え、透明になるまで炒めて、粗く切ったトマトを加える。
3. 1時間ほど弱火で煮て、塩、黒こしょうを入れて味をととのえる。

Memo……この本に登場するトマトースを使う料理は、カラスノエンドウのペンネトマトソース（P37）、タンポポの葉とタネツケバナのサラダピッツァ（P54）、ツルナのピザトースト（P83）。

毒草ガイド

毒草を誤食しないコツは、確信のもてない野草は食べないこと。
できれば初心者は詳しい人に教わるのがよいでしょう。
また、毒草と言われているものには面白がって近寄らないことです。
案外多いのがおすそわけによる事故。
食べる前には必ず調べるクセをつけましょう。

ミヤマバイケイソウ　ユリ科・シュロソウ属

若芽がオオバギボウシやノカンゾウ（P40）の若芽に似ていることから注意が必要。時にフキノトウとも間違えて採取する人も。誤食すると嘔吐やけいれんを引き起こし死に至る可能性も。6〜8月に緑白色または緑色の花をつける。写真は花の終わりころ。

クサノオウ　ケシ科・クサノオウ属

「瘡の王」と書く。アルカロイドを含む強烈な毒草で、葉や茎を摘んだときに出る黄色い乳液に触れると皮膚がかぶれる。誤食すると消化器系の粘膜がただれ、呼吸困難などにより死に至る可能性もあるので要注意。いぼや湿疹に効く漢方薬の材料でもあるが、素人は手に取らない方がよいでしょう。

キツネノボタン

キンポウゲ科・キンポウゲ属

実の形が金平糖に似ているのでコンペイトウグサとも言う。全草にプロトアネモニンという有毒性物質を含み、食べると腹痛、吐き気、下痢、けいれんなどの症状に見舞われる。この写真を撮ったときも、まわりにセリ（P70）やカラスノエンドウ（P36）などがあったので、うっかり摘んでしまわないよう注意すること。

レンゲツツジ

ツツジ科・ツツジ属

葉、花、根の全木に痙攣毒を含み誤食すると呼吸が停止する可能性もある要注意の植物。その毒性の強さゆえ牛や馬すら食べない。子どもがレンゲソウやサツキと間違って蜜を吸ったりしないように注意してやること。花の色が黄色いキレンゲツツジもある。

マムシグサ

サトイモ科・テンナンショウ属

恐ろしい名前をもつ毒草ですが、由来は花がマムシの頭に似ていることと、偽茎のまだら模様がマムシの模様に似ていることからだとか。葉や根茎にシュウ酸カルシュウムが多量に含まれており食べると吐き気、腹痛などが起こる。また、汁は皮膚に触れると炎症を起こす。皮膚についたら石鹸と水でよく洗い流すこと。

トリカブト

キンポウゲ科・トリカブト属

花の色は紫のほか、白や黄色、ピンク色などがある。全草、特に根に猛毒をもつ。誤食すると嘔吐や下痢、呼吸困難などから死に至ることも。新芽の頃にはセリ（P70）、ニリンソウ、ヨモギ（P60）と似ているため、間違えての死亡事故もあるので注意。

トウダイグサ　トウダイグサ科・トウダイグサ属

灯台草と書く。草の形が昔の照明器具に似ていたことから名づけられた。茎を折ると出る白い乳液状のものが肌に触れたらかぶれるので要注意。かわいらしい見かけだが気軽に摘まないようにすること。誤食すると口の中や胃の粘膜が炎症をおこし、下痢や吐き気、腹痛などに襲われる。詳しい成分については未解明。

ムラサキケマン・キケマン　ケシ科・キケマン属

華鬘と書く。華鬘とは鳳凰や花などの透かし彫りをした装飾用仏具で、それを思わせることから名づけられた。プロトピンなどの有毒物質を持ち誤食すると嘔吐、昏睡、心臓麻痺などを引き起こす恐れがある。若芽や若葉はセリ（P70）にも似ているので注意。

ホトケノザ　シソ科・オドリコソウ属

節についている葉が仏様の座るところに似ていることから名づけられた。別名はサンガイグサ（三階草）。弱い毒性を持つと言われているので食べないほうがいい。ただし、摘んで遊ぶ分には心配いらない。ちなみに春の七草のホトケノザとは違うもの。

ヒガンバナ　ヒガンバナ科・ヒガンバナ属

秋のお彼岸のころ咲くことから彼岸花と言われているが、マンジュシャゲなど、名も400以上も持つ。全草、とくに根（鱗茎）に猛毒のアルカロイドを含むため注意すること。誤食すると吐き気、神経麻痺などの症状があらわれることも。ヒガンバナの鱗茎とノビル（P32）の鱗茎を間違えて食べる事故も起きている。

索引

著者プロフィール

名古屋市の原木問屋に生まれる。長男出産後、体調が悪化し肝炎を患うが、玄米菜食を始めてから1年で、別人のように健康になる。森下敬一博士の「お茶の水クリニック」で食事療法を、「あなたと健康」社主宰の教室で玄米菜食の料理を、CI協会では正食理論とマクロビオティックの料理を学ぶ。

1985年「マクロビオティック自然食料理教室」を始める。北は北海道から南は九州まで受講生が通う人気となる。そのほか、横浜市教育文化セミナー講師「アートスペースハナダ」フードディレクタースクール講師なども務める。かたわら、料理の腕を上げるため横浜調理師学校に入学。主席で卒業後、分野の違う10店舗で働き、プロの料理人の技を学ぶ。

趣味は山登りとロッククライミング。日本女子大英文科卒。

著書に『12日間集中講座 岡田恭子のハッピーマクロビオティック教室』『10日間でマスター 岡田恭子のらくらくマクロビオティック教室』（ともに日東書院刊）、『マクロビオティック的自家製天然酵母でつくるおいしいパン教室』（遊幻舎刊）がある。

教室案内　マクロビオティック自然食料理教室　基礎科／本科
自家製酵母パン教室　基礎科／上級科
精進懐石料理教室

場所：神奈川県横浜市　JR根岸線本郷台駅

詳細のお問い合わせはＨＰから：http://happymacro-kyoko.com/
『岡田恭子のハッピーマクロビオティック教室』

●「野草料理教室」は、マクロビオティック自然食料理教室本科の中に組み込まれています。

食べる野草図鑑

2013年 4 月 1 日　初版第1刷発行
2023年 4 月10日　初版第9刷発行

著　者　岡田恭子
発行者　廣瀬和二
発行所　株式会社　日東書院本社
〒113-0033
東京都文京区本郷1-33-13　春日町ビル5F
TEL　03-5931-5930（代表）
FAX　03-6386-3087（販売部）
URL　http://www.TG-NET.co.jp
印刷所　図書印刷株式会社
製本所　株式会社ブックアート

撮影　山下コウ太
ブックデザイン　五味崇宏（opon）
スタイリング　津幡ともこ
料理アシスタント　浅野ひろみ　安部しのぶ　岡村容子
小田嶋京子　小俣和江　太田陽子
秋山麻紀　作田福美
企画・編集　斯波朝子（オフィスCuddle）
編集協力　牧野貴志

進行管理　中川通　渡辺塁　編笠屋俊夫（辰巳出版）

ISBN978-4-528-01643-9　C2061